〈新装版〉

関東大震災

【新幹社選書⑦】

姜徳相

新幹社
Shinkansha Library

＊本書は中公新書４１４、姜徳相著『関東大震災』の復刻本です。本書の原本は一九九七年に絶版となり、その絶版本を復刻したものです。

まえがき

関東大震災の悲劇は天災であるとともに人災である、とは指摘されて久しい。もし火災がなかったら、津波のこないことがわかっていたら、人びとが家財道具を道路いっぱいにおしださなかったらば、二次災害の被害はより少なくすんだであろう。その意味で、読者は九月一日が防災の日に指定されたこと、一日が近づくとマスコミが災害の恐ろしさを問い直すことに歴史の教訓を知るだろう。

しかし、その問い方は避けがたい自然の摂理、天災の物理的破壊力を強調し、第二次災害の阻止をどうするか、そのための心がまえ、防火訓練、避難用具、避難道路、避難場所の選定など、どう生き残るかの点に集中しているきらいがある。災害がいつおきても即応できる準備は必要なことである。だが、こうした震災を問うとき、なぜか震災のもつもう一つの人災、朝鮮民族の悲劇的体験をおとす傾向がある。震災体験者の多くは、揺れる大地、紅蓮の炎という災害そのものより、朝鮮人が放火、投毒、暴行のかぎりを尽したという、流言に最大の恐怖を覚えたとしている。

「不逞鮮人」を「銃剣にて刺殺しつつあるなり、頭部と言わず滅多切りにして溝中になげこむ惨虐目もあてられず、殺気満々たる気分の中にありておそろしきとも覚えず、二人まで見たれ共おもいおもい返して神奈川へいそぐ」(福鎌恒子手記『横浜地方裁判所震災略記』)。

目撃談のような朝鮮人の血しぶきは、日本の歴史に慚愧の負の遺産を刻印したのである。「おお、生きていましたか」が震災後はじめて会った人の挨拶だったが、未曽有の天災に生き残った人をよってたかってなぶり殺しにした異民族迫害の悲劇をぬいて、関東震災の真実は語れないのである。

ところが、なぜか多くの論議はこの戦慄すべき事実を正視しようとしないのである。戦前は正しく把握したくてもできる条件がなかったことは了解できるが、戦後三〇年のこんにち、なお正しい位置づけができているとはいいがたい。

それればかりか、最近のある調査で「あれからすでに半世紀、戦後生れの人々が半分を占めるようになったいま、あの事件も過去のこととして消え去ろうとしている。それはそれでいいとぼくは思う。臭いものにフタをしろという意味でなく、このままいまわしい過去を知る人もいなくなり、二度とああいうことが起らなければ理想的ではないか。これは日本人の身勝手といわれるかも知れないが」という証言にぶつかった。

この人は朝鮮人犠牲者のいたましい横死のありさまに貴重な目撃談を寄せた人である。さらに、いまさらすんだことではないか、あくなき事実究明は偏狭ではないかという人を知って唖然とした。

第二次大戦後三〇年、日本は民主国家にうまれかわったという。しかし、どうして虐殺事件に手を借した加害者のうずきを自ら検証できないのであろうか。関東震災下の事件ばかりではない。南京虐殺事件は「敵」の宣伝、謀略であった、幻であるなど、血債はないとの風潮も一部には生じているようである。

できれば負の遺産をさけて通りたい心理は、いまだ植民地支配以降の日本社会の構造が基本的に克服されることなしに存続しているためであり、日本の侵略主義、排外主義が、なお根強く残るいわれなき朝鮮民族への偏見や差別をテコに再びたちあらわれる可能性にもつながるものである。著者が、この書をあらわそうとした動機の一つはここにある。

しかし、この本を書くにあたって、著者が被害民族の一員として告発の刃をつきつけることになってはいけない。そのためにできればこの仕事は日本人自身の歴史の問題として追究してもらいたい、とのためらいの心がなかったといえばうそになる。が、編集者の熱心なすすめもあり、一方で被害者の立場から「血債」の決算書をつくっておくことも必要であろうと思った。

加害者が「朝鮮人さわぎ」とみたとき、被害者は「さわぎ」などというふざけたとりかたはできないことは了解できるであろう。文字通り幽明の岐路にたたされた恐怖のときなのである。この立場がどこまで確立されたか不安を覚えるが、朝鮮人は九月一日を防災の日とはみない、民族の受難を思い、苦難の歴史を回顧し、朝鮮民族の在日の歴史をかみしめる日であることが少しでもあきらかになっていれば、ありがたいと思う。

また、このような立場から、事件が被害者、加害者双方の歴史に永遠に記され、決して忘れてはならない。痛く重く悲しい経験は世代から世代へ確実に伝承されねばならないし、そのために事実をつきだしておくことはぜひとも必要であるとも考えた。事実は自責、痛恨の決意書のうらがきであり、加害者は二度とくり返してはならない、被害者は二度とくり返されてはいけない決意と反省への保証となるべきものである。著者の立場はこれにつきている。

なお最後になったが、この本を執筆するについて多くの方から御教示をうけた。また貴重な証言を引用させていただいた目撃者の皆さん、写真をお貸し下さった方々に厚くお礼を申し上げたい。

引用文については、現代かなづかいに直したことをおことわりしておきたい。

一九七五年一〇月

著者

目次

関東大震災

はじめに

九月一日正午前

一九二三年九月一日、東京、横浜周辺は夜明けからの激しい南風をともなった豪雨であった。雨は午前一〇時ごろにはあがり、再びむし暑い夏の日盛りをむかえたが、うつり気な天候に不吉な予感を覚えた人も多かった。やがて昼近く、各家庭では昼の食卓が準備され、町では豆腐屋の喇叭《ラッパ》が鳴り、カンカン帽の人が忙しげに歩きはじめた。昼ごろの雑踏がはじまろうとしていた。それはなんの変哲もない終りに近い夏の一日のようにみえた。

正午一分前、正確には午前一一時五八分四四秒、マグニチュード七・九の大激震が関東一帯を襲った。最初の一〇秒くらいは大きな地震というよりは、日常のありふれた震動と同じようであったという人が多い。

しかし、地震は「おやっと思う間にだんだん大きくなり、もう止むのかもう止むのかの思いをよそにますます激しくなった」、ある人は「むっくり床がもちあがったかと思うと続いて左右に名状しがたい大揺れが始まった」と回想している。家屋は軋り、屋根は踊り、電線は唸り、瓦は落ち、塀は倒れた。樹木は生命あるかのように樹身をよじらせた。酔っぱらいの足取りにも似て踊りながら水平を保った人もいた。柱にしがみつきつつ身を支えた人もいた。立っていられない激震だったのである。ある人は振動の弱いときをとらえて外にとびだしたが、なお大地は揺れてとまらなかったといっている。

この激しい揺れを、二分ぐらいだったとか、どうしてあんなに長く感じたのだろう、とても五分や六分ではなかったとか、人により、体験の差があるようであるが、初期微動は一二・四秒、主要動は一〇分だったという。長い驚愕と恐怖ののち、ようやく我をとりもどした人びとは、いっせいに「ただの地震ではないぞ」「おそるべき一大事の出来」を口にした。

あたり一面を朧にしていた煙塵の晴れあがりと同時に四方八方から煙が湧き上っていた。「火事だ」の叫びが狂気のように噴き出して、町々をかけぬけた。人びとは第二の災害の淵に立っていることを意識した。家庭や町の飲食店の七輪やかまどに火がおこされていたことに火災多発の原因があった。激烈な震動からのがれるのが精一杯でかまどの火を消すゆとりをもつ者は少なかった。ことに倒壊した家ではかまどや七輪の火の上に材木や家財がのしかかり、たちまち火炎に包まれた。

火災がおこる

津波がくるという地震の常識に人びとが浮足だったこと、水道の壊滅などが初動の消火を困難にした。こうした火元は東京だけでも一八七ヵ所に及んだ。おりからの低気圧の影響をうけた、南または東南の風、風速一〇メートル～一五メートルの強風が火勢を煽った。火災はたちまち巨大な火の大河となり、炎は炎を呼び、五八もの大火流となって東京を席捲していった。速度のもっともはやい火流は毎時八〇〇メートル以上の速さで町々をなめつくしていったという。巨大な火の手、天に冲する黒煙に対し、人びとは無力であった。もはや拱手傍観のほかなかった。危険を避けるため家財道具をまとめたもの、地割れし、障害物のよこたわる道一杯に大八車をおしだしたもの、肉親を探して叫びかわす悲鳴などがないまじり、災害地一帯は蜂の巣を突きまぜたようにごったがえし、恐怖と不安のるつぼとなった。

生命財産の危険に直面した人びとは地震の被害がどこまで大きくなるのか、火の手はどこまであがったのか、こんごの身のふり方をかけて必死に情報を求めた。情報への飢餓感で人びとの心にはどんな情報をものみつくす空隙が生じていた。そこに突如として「朝鮮人が放火した」「井戸に毒を投げた」とのデマが与えられた。生きのびる道を求めて途方にくれる人びとの不安はいやがうえにもかきたてられた。家屋敷、家財を失った者に、放火、暴動の流言は強烈な刺激であった。不幸に乗じた「卑劣漢」への怒りは「朝鮮人憎し」に帰一した。関東大震災下朝鮮人虐殺の凄惨な悲劇の幕はこうしてきっておとされたのである。

流言・戒厳令・虐殺

単純に考えれば、混乱のなかに流言があり、人心が動揺し遺憾の点が生じた。犠牲者には気の毒であるが、当時の実情から考えてやむをえないことであった、ですむことかもしれない。現にそうした弁明とも開きなおりともつかぬことをいう人もいる。しかし、この事件を考えるとき、なによりも重要なことは、朝鮮人が震災を利用して放火暴行略奪等をほしいままにしているとの流言がどこから降って、どこから湧いたかわからないうちに、戒厳令が施行され、戒厳令下に行なわれた虐殺事件ということである。

戒厳令とは国家権力が最大の強権を集中し、治安維持のため最高の非常警備につくことを内容としている。当時の戒厳体制を具体的にいえば、最高六万四千の陸軍兵力、全国から召集した強大な警察力、さらに旗艦長門以下一五〇隻の連合艦隊を関東水域に集結した海軍力など、大日本帝国が総力をあげて軍事警戒を実施していた時に奇怪な流言が伝播し、虐殺が行なわれたのである。

上空には飛行機が旋回した。地上には完全武装の兵士が歩哨にたった。騎兵は砂塵をまきあげて疾駆した。伝令は情報をもってとび回った。警官は抜刀して馬糞紙メガホンで走り回った。青年団は掲示を貼り、謄写印刷物を配って歩いた。要するに、すべての権力機関が疾風迅雷、万全の警戒配置についていたのである。常識で考えれば、治安を攪乱する分子、良民に危害を加える不逞の輩はいささかの蠢動も許されない状態であった。

非常警戒が警戒措置として万全に機能しておれば、突然起った流言の禍を未然に防ぎえないまでも、虐殺事件だけは最小限にくいとめえたにちがいない。ところが、なぜかこうした警戒を無視して大々的かつ組織的な流言が拡大し大虐殺事件が頻々と起ったのである。

時のアメリカ駐日大使は「このようなおそるべき大虐殺（朝鮮人）が白昼公然とおこなわれている日本という国は断じて文明国とは認められない、ことにそれを平気でみていて止めようとしない日本政府は世界中でも一番野蛮な政府である」（『人物往来』一九六七年一月号）とのべている。アメリカ大使は虐殺の真の下手人をぼかして、民衆の虐殺行為と、それを傍観放置している日本政府の責任を糾弾する、一歩ゆずった発言にとどめている。おそらく外交上の慎重さをこめた修飾があり、割愛のある発言であろう。

しかし、それにしても、なんのために武装兵士が町角を固めていたのか、警察がおっとり刀でとび回っていたのか、最大の権力を集中して虐殺事件の防止も鎮圧もできないのはどういうわけか、なんのための戒厳令であったのか疑問を禁じえない。この疑問に対し警察力や軍事力が弱体で民衆の狂気を抑止できなかったとか、抑止したが余儀なき偶発事故、つまり不可抗力であったと弁明するむきもある。たしかに時のいきおい、やむをえなかったこともあろう。

だが、逆に戒厳体制下の官憲が虐殺を主導し、民衆の行為にも加担したのではないかとの想定も可能であり、積極的役割を果したと考えるのが自然という考えもなりたつのである。阻止したが力及ばず傍観したのか、不可抗力か、積極的な主導かは、たいへんな相違点であるが、いずれにせよ流言・戒厳令・虐殺事件の関係は密接不離であって、このからみあいの解消が事件の真相をえぐりだしてくれるだろう。

その意味でつぎの章では地震直後、政府当局のさまざまな対応のなかで戒厳令施行の方針がどのように具体化したのか、流言はなんであったのかを検討してみよう。

I

戒厳令の発布

炎上する警視庁

大臣たちの対応

大震災が東京を襲った九月一日は政変の真最中であった。前首相加藤友三郎は八月二四日死去していた。当然加藤内閣は総辞職し、八月二八日に後継首班の「大命」が、海軍大将山本権兵衛に降下していた。しかし、九月一日現在、山本内閣はいまだ成立せず、山本は組閣本部（水交社）で精力的な工作を展開していた。したがって、山本内閣に事務引継を完了するまでの行政は内田康哉を臨時首相代理とする前任内閣が担当していた。その閣員は、つぎのとおりである。

内閣総理大臣臨時代理	子爵	内田康哉
外務大臣	〃	内田康哉
内務大臣		水野錬太郎
大蔵大臣		市来乙彦
陸軍大臣		山梨半造
海軍大臣		財部　彪
司法大臣		岡野敬次郎
文部大臣		鎌田栄吉
農商務大臣		荒井賢太郎

逓信大臣　　　　　　　子爵　前田利定
鉄道大臣　　　　　　　伯爵　大木遠吉

大地震のあと内閣閣員の「第一に頭に浮んだ事は宮中のことであった」。驚愕と恐怖におびえ、気も狂わんばかりの国民の救済対策ではなかった。

臨時首相内田康哉は煙塵濛々たるなかをついて皇居にかけつけ、摂政の無事を確認し、日光に避暑中の大正天皇の安危を確認するためあらゆる努力を傾注した。内相水野錬太郎はまず高輪の自邸までフロックコートをとりにやらせた。参内のため白の詰襟服をフロックに着替える、つまり礼装をする、それだけのために、突然の災害に追われて道一杯逃げまどう人びとを押しわけて高輪まで車を走らせたのであった。

警視総監の行動

警備、救護の直接責任者であり、震災下に戒厳令施行をもっとも強く主張したという警視総監赤池濃の行動にも閣僚たちの行動様式と同じものがあった。赤池は「これは容易ならぬ」と思った瞬間「陛下の玉体は如何にと憂慮し」「舟のように揺れる室内で制服を着け」、宮中に馳せ参じて摂政の〝玉体〟を拝し「御機嫌を奉伺した」。赤池は摂政の無事なる英姿を拝し感激に堪えず、御安泰を謹賀した。彼が警戒であれ救護であれ、民衆の存在を意識したのは、この後であった。

赤池は宮中から庁舎に戻る間、あらためて瓦礫の町、燃える市街を見聞した。彼はいまさらのように、なんたる惨状か、とおどろきの声をあげ、はじめて本来の任務としての治安災害対策に思いをめぐらしたのである。まず権力の象徴、陛下の「御安泰」を確認し、次に災厄の対策にのりだすべく身構えたのである。

天空を仰げば太陽は名状しがたい真紅の色を呈して黄塵中に輝き、火炎は乱舞し烈風に煽られて、ごうごうたる音を鳴らしている。大地をみれば恐怖におののく数十万の避難民の群れが安全地帯を求めて殺到している。視界に入る現実の惨状から対策をめぐらす彼の脳裏にひらめいたものは、どういうわけかある不吉な予感であった。なにが不吉だったのか彼自身の言葉をかりよう。「余は千緒万端、此災害は至大至悪、或は不祥の事変を生ずるに至るべきかを憂えた」のである。すなわち史上最悪の自然災害であるばかりでなく、ある種の「不祥事変」の発生を憂えつつ総監室に帰ったのである。では、彼のいう「不祥事変」とはなにを意味するのか、また天災の発生と同時に警視総監が「不祥事変」を連想するほど神経を過敏にしていたものはなんであろうか。治安当局には気になるなにかが存在していたにちがいない。

総監室にもどった赤池は幹部たちを集めて緊急協議を行ない、警視庁およびその周辺の警戒警護を厳重にする一方、管下の災害の実態を把握し、災害に即した応急対策をたてるため、部下を管下の各警察署に派遣した。その結果、市内の六三ヵ所のうち二五ヵ所の警察署の焼失、倒潰、署員の遭難など不測の事態が続発していること、署員の非常呼集も満足に行なわれていないことが次々にもたらされた。

そのうち警視庁付近に発した火焔の渦も猛り狂ってその領分を広げ、庁舎をもなめつくしてきた。灰燼は烈風に煽られて馬場先門に霙と降り、不安と混乱は絶頂に達した。しかし、打開すべき警察力の現状は潰滅に瀕している。赤池は呆然たちすくむような不安にかられたとしても無理はないだろう。

警視庁編『大正大震火災誌』は次のようにのべている。

「斯ル微弱ナル警察力ヲ以テ非常時ノ警戒ニ任ジ帝都ノ治安ヲ完全ニ保持スル事ノ困難ナルヤ明ナリ況ンヤ窮乏困憊ノ極ニ達シタル民衆ヲ煽動シテ事端ヲ惹起セント企ル者ナキニ非ザルニ於テオヤ」

ここでは、前記予見した「不祥事変」の内容が明示されていることに気がつくであろう。「不祥事変」の根底は牢固とした民衆への不信感であった。恐怖の底にはいずる民衆、飢餓に追われる民衆がなにをしでかすかわからないとの不信感であったし、この民衆を組織して権力にたちむから煽動者の存在であった。

煽動者すなわち社会主義者と短絡してよいかどうか問題は残るかも知れないが、のちにふれるように、治安当局が飢えた民衆への食糧供給に重大な関心を払っていることから考えても、「群衆の煽動者」社会主義者が、米よこせ暴動を惹起しはしないかとの脅迫観念があったことはまちがいない。また植民地支配以来敵視の対象として迫害しつづけた朝鮮人が、この無秩序につけこみ復讐にたちあがったらどうなるかの不安が深層心理にこびりついていたろうことも容易に想像される。

治安の維持のためには臨機の警戒体制を確立せねばならない。先手をとるか、おくれをとるかは死活的要因であった。赤池は警視庁内に警戒本部を設置してその事務分担を次のように編成替えした。

一、司令長　警視総監
二、総務部　①事務総括　②内務省、衛戍司令官、内閣との連絡
三、警戒班　①警戒一班
四、偵察班　①市内状況の偵察　②報告の統一
五、特別諜報班　①裡面偵察　②不穏不逞の徒の蠢動に対する偵察
六、給与班　①交通通信機関　②食糧品其他の徴発、配給に関する件
七、救護班　①傷病者の救護一班
八、消防班　①消火防水事務一班

すなわち、警察の機能をたて割にし、非常対策の稼動人員を大幅に捻出したのである。

治安トリオの考え

やがて警視庁は炎上し、警戒本部は日比谷公園有楽門前に移った（この時午後二時）。赤池はこの新しい状勢を「奏上」しようと再度皇居に参内したが、その時、皇居で内務省警保局長後藤文夫とともに内務大臣水野錬太郎に会同している。警視総監、警保局長、内務大臣の治安トリオが震災後の最初の会合でどんな情報を交換し、どんな警戒救護措置を協議したかはわからないが、蛇蝎のように憎悪していた「不逞鮮人」、いまいましい米騒動の記憶など、三者共通の経験をふまえた治安対策や、どこまで深刻化するかわからない災害に対し警視庁が独自の警戒措置をとっただけで充足できるものではないことも論議されたであろう。

また、弱体化した警察力を補完し秩序維持の至上命令を果すためにはどうしたらよいか、警備力の補充はどこから捻出したらよいのか、そして迅速かつ効果的手段は軍事力の展開、すなわち戒厳令以外にないなども論議したのであろう。

職責はちがっても治安の責任者として一致した見解がでたものと推定される。この推定には根拠がある。

赤池は「宮城内で内務大臣と会せる故余は直ちに後藤警保局長と共に引返した」が、「帝都を挙げて一大混乱の裡に陥らん事を恐れ此際は警察のみならず国家の全力を挙て治安を維持し、応急の処理を為さざるべからざるを思い一面衛戍総督に出兵を要求すると同時に後藤警保局長に切言して内務大臣に戒厳令の発布を建言した。それは多分午後二時頃であったと思う」（「自警」第五一号）と述べている。すなわち、とりあえず出兵、つづいて戒厳令の筋書をくみたてている。

後藤も「其災禍の頗る大なるを想像し尋常一様の警備を以て依って生ずる人心の不安を沈静し秩序の保持を為すことの困難な事を看取」し、「戒厳令を布すの非常手段を執らざる可らざるとの決意は地震直後当局者の間に生じたのであって、軍事当局は直ちに出兵を開始し戒厳令執行の準備に着手したのである」（「自警」第五一号）と、赤池の手記を追認している。

戒厳令方針の時期

戒厳の方針がさいしょに提起されたのは、いまのところ赤池のいう戒厳令施行の建言を「午後二時頃」という以外に有力な証拠はない。しかし、水野が高輪の自邸にフロックコートをとりにやらせたため他の閣僚、高官たちより若干遅れて参内したこと、また赤池が警視庁炎上後に二回目の参内をしたときが二時前後と判断されることや、後藤のいう「地震直後」という表現がきわめて早い時間帯を示唆していることなどから、戒厳令施行の切言が午後二時頃であったことは一応信用してもよい。

水野が警視総監、警保局長の具申に共感をもって総理官邸の緊急閣議に臨んだことは容易に想像されよう。水野は戒厳令施行の意見を開陳したと推定される。後藤警保局長も閣議に陪席していた。論議がつくされた。だれがなにを主張し、だれが反論したかあきらかにするものはなにもないが、戒厳令施行は閣議決定をみたようである。みたようであるとの推測の手がかりになるのは、「東京朝日新聞」（一〇月九日付）の次の記事である。おもな部分を引用しておこう。

「現在布かれている戒厳令は空前の震災に際し臨機の処置として執られた手段で世間一般に已むを得ざるものと認めて居るが発令当時の事情明かとなるに従い違令違法の非難を免れぬこととなった。元来此の戒厳令は前内閣の手に依って布かれたもので、政府は去月一日震災と同時に閣議を開き既に一応戒厳の必要を内定したが同日中に異論が現れたらしい。現に枢密院の諮詢を仰がん為め内閣側は二手に分れて各顧問官の許に急使を派することになったが、一方の使いは取り止めとなったけれども他方の内閣の書記官が廻った一方では伊東伯を初め数名の顧問官が各別に首相官邸に参集し、その際内田臨時首相から『戒厳令の方は止めたが取り敢えず出兵することにした』と言って枢府側に諒解を求めたのに徴しても分る。然るに赤池前警視総監の主張に依って廟議は三度変更され、現在の如き所謂戒厳令を布くことになった様である」

記事により、水野、後藤、赤池の具申した戒厳令はいったん閣議決定され、その手続を開始したが、中途で有力な反対意見があらわれ、沙汰やみとなったことがわかる。

戒厳令の発布が緊急勅令によるからには「枢密顧問ノ諮詢ヲ経テ」公布する官制上の制約があ

り、また「官報ヲ以テ公布」の必要があったが、混乱のさなかに顧問官の召集に失敗し、また印刷局が機能を失ったことから官報も発行不能であったという事情に、退陣した事務管掌内閣が戒厳令という国家的重大政策を決定してよいのかという政治的な配慮が加わり、さらにはなんのための戒厳令かの名分論および「臨戦」か「内乱」かの法律適用上の問題で意見がわかれたのであろう。のちに後藤内相が「外患でもなく内乱でもない場合に戒厳令をしいた実例は未曽有である」(「時事新報」九月一五日付)といって前内閣の措置に不満らしき口吻を洩らしたのは、こうした背景があるからであろう。

ともあれ、一日午後二時前後に前記治安トリオが戒厳令施行の意図をもっていたことは確認できよう。

閣議は「先ず何をおいても罹災民への食糧を供給することが先決問題なので取り敢えず救護に対する臨時支出を大蔵大臣と相談して九百八十万円の予備金支出を決定した。更に臨時救護事務局官制の案を法制局長官に命じ『起草せしめる』にとどまった」(水野錬太郎『我観談屑』)。

おそらくこの両件以外には、なお震災区域、災害状況の実態を見きわめたいとの配慮がうごいたのであろう。こうして、いったん決定した戒厳令は回避され、警視庁による単なる出兵要求にとどまったのである。赤池が警視庁官制第四条第二項にもとづき森岡近衛師団長に対し、正式の出兵要求書を提出したのは時に午後四時前後であろうと推定される。

出兵要求書

大正十二年九月一日　　赤池警視総監

警戒救護ノ為相当兵員御派遣相成度此段及要求候也

参照　警視庁官制（大正二年六月勅令第一四九号）第四条ノ二　警視総監ハ非常急変ノ場合ニ臨ミ兵力ヲ要シ又ハ警護ノ為兵備ヲ要スルトキハ東京衛戍総督又ハ師団長ニ移牒シテ出兵ヲ請求スルコトヲ得

軍当局の動き

こうした動きの一方、これより先、軍事当局は独自の判断から午後一時一〇分非常警戒令を発し、衛戍条例衛戍勤務令により、東京衛戍司令官がすでに東京地域の警備活動についていた。午後一時三〇分には東京をおおむね南北二分にした警備分担区域にわけ、北を近衛師団、南を第一師団の担当区域として、軍事力を展開し、秩序維持に介入していた。

近衛師団長の代理として臨時衛戍司令官に就任した第一師団長石光真臣は、東京屯営の部隊を動員し、宮城、各離宮をはじめ皇族、華族、大富豪の邸に赴援隊を配置し万一に備えた。ついで官公署、外国公館、弾薬庫、刑務所などに防火隊を派遣した。応急繃帯所を設置し、救護所、糧秣分配所を開設した部隊もあった。兵力を以て枢要の地点を警備し外的不安に対処し、衣食住、交通、通信および医療など救護体制をすみやかに整備して内的動揺にそなえる出兵要領の具現が早くもみられていた。

したがって、警視庁の出兵要求には、迅速かつ的確な配兵をもって応えた。軍用電信の架設、伝令の配置、糧秣分配所の増設、乾パンおよびかんづめの放出、避難民への炊出しなど飢餓対策なども着実に手がうたれていた。

一方、陸軍諸学校の学生生徒全員を動員して応急の警戒配備に就かせた。また将校を司令部に選抜召集し、指揮系統の確立をめざし、各兵科から人員を選抜して憲兵に補充するなど、いつどこで、どのような事態がおころうと臨機に即応しうる態勢がためが実際的に進捗していた。

のちに戒厳司令官となった福田雅太郎大将は、「朝野色を失い茫然自失たるばかり」の当時、「まず時局収拾の第一着手として戒厳令施行の議」を陸相に建言したことをのべているが、軍部、警察の二大権力が一致して戒厳出兵をめざす行動に出たことは注目に値しよう。

出兵要求から戒厳令施行へ

さて出兵要求がいつの時点で再び戒厳令施行に転換してゆくのか、「もっともその必要性を強硬に主張して閣議を通した」(「大阪朝日新聞」一〇月五日付)と推測された赤池に焦点をおいて、転換点を分析してみよう。

夜にはいって、赤池は水野とともに災害地視察にでかけたが、その時の状況は水野の手記によると、次のようである。

「自動車で官邸を出て神田橋より須田町上野方面へ行くつもりで神田橋を越したがそれより先は火焔濛々その熱に耐えかねたので止むなく自動車を捨てて歩行した。道々の状態を見てあまりに大きな災害であったのに驚いた。東京市中の米倉庫も殆んど焼けてしまい、深川の陸軍糧秣庫も火焔に見舞われたとの報告をうけた」(『我観談屑』)

水野は机上の予想をはるかに越えている災害の現実を直視して驚きの声をあげ、かつ食糧倉庫の焼失に強い関心をもったことを記している。思うに米騒動の「不祥事」が脳裏にこびりついていたのであろう。

しかし、本所被服廠をはじめ、浅草吉原公園、田中小学校など一連の集団焼死事件の報告はかれらの耳に届いたはずである。瞬時に数万の焼死者が出現した悲惨事に心の痛みを覚えない為政者はいないだろう。

彼らが自動車をおりて歩行した時、上野の山はがらくたをつんだ大八車が洪水のように殺到し、足の踏場もない修羅の場となっていたこと、血を流した負傷者が、半死の重傷者が、あるいは担架にあるいは人の背にあって、行先もさだまらず右往左往していたのを目撃したはずである。見渡すかぎり火の幕を張ったような夜の空に怪物のような雲が湧き、真紅の炎が反射して輝く無気味な夜景をみているはずである。為政者として考えるべきものはなんだろうか。赤池は次のような感想を残している。少し長いが引用しておきたい。

「夜宮城前を歩み見れば避難の人陸続として来り流石の広き馬場先の凱旋道路も全く人を以て充満して居た。而して諸方にて『水は有りませんか』『〳〵』と質問を懸けられた。又風態をみるに跣足の人も随分多く充分準備を整うる暇が無くて避難したことが察せられた。余は眼前此光景に接して此際は人心を安定せしむるが絶対の急務なりと感じた。仍て帰庁早々中央気象台に人を派遣して今後余震はあるも劇震は無しとのことを確め直に之を口頭とビラとを以て諸方に宣伝せしめた。又幹部と鳩首協議の結果多少議論の余地はあるも此際行政執行法によりて米穀の徴発を為す事に決した。蓋し当時余の最も痛心措く能わざりしは飢餓より生ずる悲鳴であり失望より生ずる直接行動であった。此非常特別の事実に際しては尋常の縄墨を以て事を律することは出来ない。今や宮城前に集まれるもの無慮三十万人である。又上野、芝、靖国神社境内へ集まれるもの五万乃至十万人である。之等の人々にして食物を口にせずして飢を叫ぶ時は此大錯乱大混乱の時に於て何事が勃発するか予知すべきで無い。万難を排しても此大衆に食糧を与えねばならぬ。水を飲ましめねばならぬ。安心せしむ事か絶望せしむるかは一に臨機の処置如何に懸っている。危急存亡の機とは真に之を謂うのであろう。今は只大責任を負うて機宜の処置を敢行する外はない」(「自警」第五一号)

ここで読みとれることは飢えた国民の圧力が国家の安全をおびやかすかも知れない恐怖感であり、一歩対策を誤れば、いかなる「不祥事」がおこるかも知れない切迫した危機感であり、それをのりきるためにどのような臨機の非常措置でも許される、民心の安定には超法的な処置も妥当であるというなみなみならぬ決意である。

重要なことはこのなかで赤池が、震災下の警戒救護両面の政府施策の柱となった二つの緊急勅令、すなわち戒厳令、非常徴発令のうち、異論違法をあえて承知のうえ、非常徴発令に先行し、行政執行法により食糧徴発を決定したと述べていることである。行政執行法がいまは「只大責任を負うて機宜の処置を敢行」したものであれば、さきにやむをえず「単なる出兵要求」にとどまった警戒措置を戒厳令の施行にきりかえたいと思ったのも当然であろう。「戒厳が内閣の責任」で施行されるのは同じ論理であり、こうした焦慮の反映である。煩瑣《はんさ》になるが、ふたたび後藤文夫の手記を借りて補足説明をしておこう。

「然しながら当日日没に至る迄は火災の惨禍が斯く迄に至ろうとは予想し得なかった所であって同日夜に入りて火焰猛々として全都の空を覆い帝都をして殆ど焦土と化せしめんとするの状況を呈したので震災そのものの被害より推想した応急の処置は根本より其計画を建て直さねばならないと感ぜざるを得なかった」(「自警」第五一号)。後藤はこれまでの災害対策の甘さへの反省をこめ、根本的なねり直しの必要を表明したが、その内容は政府首脳に「物資欠乏に対する不安を除く処置、各方面関係行政機関の連絡統一等総て常例を脱した非常の決断」を要求することにつきている。すなわち、国民の胃の腑を満足させ、不安を除去するには、官制上の疑義など多少の違法に逡巡することなく、非常徴発令、戒厳令の施行をせまったのである。

この進言に共感した内相水野が、後藤らの要請を再度閣議にかけたことはいうまでもない。水野は可能なかぎり違法のそしりをまぬがれるべく、内閣書記官長にも問議し、枢密院議長、顧問官の行方をさがして八方手をつくしたようである。しかし、適法な手続ができぬといって放置できる事態ではなかった。その困惑ぶりを水野は「参集を乞うにも通知の仕様もなく迎えにやる手段もないので途方に暮れた」と述懐しているが、結局、水野自身が内田臨時首相とともに所在のつかめた枢密院浜尾副議長、伊東顧問官の私邸を訪問し、「枢密院に諮る暇がないから内閣の責任で勅令を発布したい」と了解を求めたのである。

「このままでは治安維持に責任がもてない」という治安当局の強い要求が慎重論をおしきったのである。

戒厳令の〝名分〟

では戒厳令を「内閣単独の責任で発動」したのはいつなのか。また戒厳令施行の名分はなんであったのか。

いかに官制上の疑義を超越し内閣の責任を明確にした戒厳令であっても、戒厳令が「戦時」または「内乱」を対象にした非常立法である以上、「臨戦」または「暴動」の発生を認定しなければ適用できない。

内相水野は米騒動のとき、戒厳令は「国内の攪乱危殆に瀕し」たときはじめて施行すべきものであるとし、職を賭して反対したことがあるが、法律の趣旨からいえば、いかに治安に対する明白な危険が存在したとしても、いかに大震災の被害が悲惨なものであっても、単なる自然的災害に止まる以上、戒厳令は適用できなかったはずである。戒厳令発布過程についてくわしい手記を残している赤池も後藤も、なにを名分として施行したのかになると口をつぐんでなに一つ証拠になるものを残していない。日本当局が戒厳令の名分について口実らしいものを残しているのは朝鮮人暴動と関連した、水野の次の談話だけである。

「翌朝（九月二日）になると人心恟々たる裡にどこからともなくあらぬ朝鮮人騒ぎ迄起った。大木鉄相の如きも朝鮮人攻め来るの報を盛んに多摩川辺で噂して騒いでいるという報告を齎らした。早速警視総監を喚んで聞いてみるとそういう流言蜚語がどこからともなしに行われているとの事であってそんな風ではどう処置すべきか場合が場合故種々考えて見たが結局戒厳令を施行するの外あるまいという事に決した」（水野談話『帝都復興秘録』）

かりに水野のいうとおり戒厳令施行の決定が九月二日であれば、枢密院の議を経ない内閣の緊急措置もそれほど不当なものではない。九月二日には水野のいう朝鮮人の組織的な進攻説は急激な伝播をみせており、官憲中枢が朝鮮人暴動を鎮圧するため戒厳令を適法と判断したとの説明がなりたつからである。「内乱」または「暴動」に対処する以上、官制上の疑義などなんのさまたげにもならないだろう。

こんにちまで水野の談話は疑問なしに信じられ、戒厳令布告も九月二日午後六時との説が定着しているようである。著者も水野の談話を批判なしにとり入れて、戒厳令布告を単純に九月二日午後とした誤りを犯したことがある。戒厳令を民衆に公告したという意味で、九月二日夕刻の戒厳令発布はまちがいではないかも知れない。しかし、戒厳令布告には厖大な軍事力の動員をはじめ、それ相当の準備が必要であり、とくに混乱の渦中にあっては民衆に周知した段階で警戒配備が確立していなければ有効な戒厳とはいえない。また官憲中枢が戒厳令布告にあたって引きあいにだした前記「朝鮮人暴動説」が妥当か否かを判断するにも、いつ決断したのかがあきらかにならねばならない。公告したときより、決断し、準備し、兵力を配備した段階がより重要であるが、さきにのべた一日夜半の水野はじめ官憲たちのうごきこそがこの決断のときであり、準備のときなのであり、この過程を捨象した水野の談話にはあきらかに飛躍があり、うそがある。

水野は戒厳令公布のため枢密院の浜尾副議長を訪ねたことをのべた手記の後で、「未だ後継内閣も決まらなかったため我々はその職責上出来るだけの処置を取った次第である」と結び、「その翌日」すなわち九月二日に「山本内閣が成立」したことをのべている。九月二日が翌日なら戒厳令発布のため浜尾副議長を訪ねたのが一日であることはいうまでもないだろう。

水野はまた別に「翌日（二日―著者）に至って」とし、「此際戒厳令を敷いて人心を落ちつかせる必要があると信じ、緊急勅令をもって、救護法と戒厳令を施行しようとした」とのべ、戒厳令が二日であることを再度強調しているが、この「救護法と戒厳令」の発動は警保局長後藤文夫が、一日夜半「内務大臣官舎の中庭に於て臨時震災救護事務局官制及徴発令が起草され、翌二日午前戒厳令と共に御裁可を経て発布されるに至った」とのべていることをさすのであろう。後藤はここでは戒厳令の起草についてはふれていないが、同じ文脈の前段で、地震後「直ちに戒厳令執行の準備に着手した」ことをのべているので再言しなかったものであろう。また「御裁可を仰ぐ」ことは摂政に草案を提出したことであって、その前段で戒厳適用の細則が決められていなければならない。発布を決意し、起案したときと摂政の裁可のときはちがうのであり、混同してはならない。いずれにせよ、戒厳令、非常徴発令が同時に裁可されたことからも徴発令、戒厳令の決定も一日夜半、ときを同じくしている公算はきわめて大きい。

当時の治安当局の体制はなによりも「警備と救護の問題は分離することの出来ない一体の仕事であって、救護の手が一分遅れれば秩序の動揺は如何なる程度に拡大するか計り知れないのであり、又警備の措置が一分遅れれば救護の手段が如何なる程度に混乱せしめらるるか分らないのであって警備の処置と救護の進捗も秒分を争いつつ間髪を入れざる間を縫うて」（「自警」第五一号）いたことからも戒厳令と徴発令は一体と考えるのが妥当である。

内務官僚が「内相官邸で庭にテーブルをもちだし、ろうそくの淡い光の下で諸種の案を作らしめ省議を開き」「水も呑まず」徹宵して応急の処置をとったとき、関西方面からの食糧品を得るため「海軍省の無線電信」を活用しているが、朝鮮人暴動と戒厳令を記した官憲の第一報がこの無線を利用したことからみても一日夜半の戒厳令決定の可能性は強い。

因みに臨時震災救護事務局官制は勅令第三九六号、非常徴発令は緊急勅令第三九七号、戒厳令は緊急勅令第三九八号と連番になっている。また戒厳令が布告された時間が「下野新聞」は「一日より戒厳令を布き」とし、雑誌「日本少年」は「一日夜」とし、中島碧川著『遭難から長崎まで』は「二日午前」とし、『東京震災録』は「二日午後」「二日四時」「二日六時」とまちまちであるのも戒厳令発布の決断、準備、公告過程の振幅を物語るものであろう。

一日夜半の決定に従って軍事当局はただちに一大出兵を敢行した。衛戍司令官は一日午後八時三〇分赤坂離宮に参内、その後、陸軍大臣は教育総監および近衛、第一師団長に命を伝え、午後九時には自転車伝令および飛行機をもって東京以外屯在の隷下部隊を非常召集し、東京衛戍司令官の指揮に入らしめている。

近衛師団騎兵第一三、第一四、野戦重砲兵第四連隊（千葉県千代田村）、鉄道第一（千葉県都賀村）、

第二連隊（千葉県日沼村）、近衛歩兵第一連隊（千葉県下志津野営）、第一師団歩兵第四九連隊（山梨県相川町）、歩兵第五七連隊（千葉県佐倉町）、野戦重砲兵第三旅団（市川町）（午後四時師団ヨリ招命ヲ発ス）、騎兵第二旅団などが召集された。

午後一〇時には、衛戍司令官兼第一師団長石光真臣は管下部隊を集成大隊に編成し武装待命を発令した。近衛師団、第一師団に武装待機を命じたことは、さきにのべた戒厳令施行過程の曲折はともかく、これ以後政府部内では実質戒厳令の認識をもったものと思われる。

さて、当局が一日午後二時戒厳令発布の意図をもってから二転三転しながら、戒厳令を決断公布した経過を除き、九月二日「朝鮮人暴動説」を聞いて戒厳令を発布したという水野の談話だけとりだしたとき、いかにも唐突で、官憲の動きに大きな空隙が生ずることに気がつくであろう。そこに違法の戒厳をあえて承知で発動した水野の保身のためのうそがあるし、朝鮮人虐殺事件の責任を回避する水野一流のマキャベリズムがある。

九月一日夜半の時点では、のちにふれるように散発的な「朝鮮人放火」の流言はあったものの、水野のいうような「朝鮮人攻め来るの報を盛んに多摩川辺で噂して騒いでいる」ようなことは影も形もなかった。あの猛然たる流言の伝播もみられない。

官憲の朝鮮人や社会主義者への過敏な警戒の目や予断、そして飢えと恐怖におののく民衆の重圧を知ることはできても、朝鮮人が現実の脅威となってたちあらわれた事実は流言としても検証できない。

また一歩さがって、一日夜半の一部の流言を信じたとしても、官憲中枢が流言のもたらした事実を目撃したとか、放火犯人の検挙を確認したとかの証拠を明白にしないまま、いともたやすく、「どこからともない流言」にのせられたこと自体官憲に予断のあった証拠である。「放火」の一件や二件がどうして戒厳令という大問題に短絡し、二日の進攻説にむすびつけられるのか、ここには米騒動のときの冷静さ、慎重性は一かけらも認められない。それこそ偏見、敵視の所産というほかはないだろう。「どこからともない流言」で戒厳令を布かれてはたまったものではないだろう。

思うに一日夜半戒厳準備の過程で散発的に報告された「朝鮮人放火説」の真否を確認することもなく、違法の戒厳令を強行するため、少しでも名分をそえるためのまったくの口実として利用したのが朝鮮人暴動と戒厳令の結びつきとなったのであろう。

Ⅱ　流言の発生

避難民の群れ

流言の発生源

戒厳令の施行が流言蜚語の伝播に深いかかわりあいをもっていることは、前章で引用した内相水野錬太郎の談話からも判断できよう。流言蜚語は戒厳令に格好の口実を与えたが、ではいったいだれがなんの目的でこの流言蜚語を放ったのであろうか。またどんな回路を経て官憲の耳に到達したのであろうか。流言はそれを流布せしめる客観的条件を具備していなければ成立しないが、なにが流言に可信性をそえたのだろうか。まただれが伝播媒介の役割を果したのであろうか。

水野をして「どこからともない流言」といわしめた要因はまだ十分あきらかにされたとはいいがたいが、それは研究の渋滞というより資料的制約に隘路があったからであった。震災後の官憲の事件隠蔽策は流言の調査すら十分に行なわせなかった。

人から人に秘かに伝えられ伝播する過程で成長し、動いてゆく流言の発生源をさぐることは容易ではない。伝える手段がすべて言語であり、記録性の薄いことも究明作業をいっそう困難にした。究明には事件直後の正確な調査がぜひとも必要であったが、あいまいに放置されたままこんにちにいたったため画期的資料の発掘でもないかぎり、流言発生の決定的証拠を引きだすことは困難であろう。

しかし、流言の発生源をたださない限り、この事件の本質は明確化されない。その意味でこれまでのいくつかの流言発生源究明の要点を整理紹介しながら、どの程度状況証拠をつくることができるか、どのように考えるのがいちばん合理的であるのか、流言発生の問題を検討してみよう。

まず、日本政府が事件を国会答弁や外国に説明するための参考資料として作成した唯一の秘密調査書、司法省編『震災後に於ける刑事事犯及之に関連する事項調査書』は、発生源をほぼ東京、横浜の二方面に分け、その理由を次のようにのべている。

すなわち、横浜方面の「流言の発生地は山手方面本牧電車沿線なることは之を認め得べきも進んで如何なる事実に基き当初何人より喧伝せらるるに至りたるかは正確に之を知ることを得ず唯巷間伝うるものあり横浜市中村町字平楽百八番地立憲労働党総理山口正憲（当三十五年）は九月一日午後四時頃同市中村町字平楽ノ原に於て避難民大会を開き、避難民約一万人に対し食糧品掠奪に関する演説を為したる際鮮人が夜間内地人を襲撃して危害を加うるの説あるを以て互に警戒せざるべからざる旨の宣伝を為したるより鮮人不逞行為の声一時に伝わるに至れり」（『関東大震災と朝鮮人』）と推測している。

また同書は、東京方面の流言の出所を二つに分け、一は山手方面とし、「前掲山口正憲の使者九月一日の夜若は二日早朝牛込区砂土原町の立憲労働党本部へ到達したりと認むべき事実あるを以て同使者に依り横浜に於ける鮮人の不逞行為の伝えられたりとするもの」

その「二は市内焼失区域に於ける鮮人の不逞行為の目撃者が山の手方面へ避難して其の非を鳴

らし其の者より伝播せられたりとするもの之なり」と、発生源に横浜および東京下町の焼失区域をあげ、とくに、江東方面は「大火災の中心又は之に近接せる地点なりしが為其の惨状筆紙に尽し難きものあり然るに同方面に於ては……本所区柳島元町電車終点付近に於ける金孫順の強盗強姦事件同区同町百六十九番地呉服商中里奥三方に於ける姜金山外鮮人三十余名の強盗事件同区柳島元町洋品店鹿取孝次郎方同町百六十五番地洋食店安田但二方及同町百六十九番地村上与蔵方等に於ける鮮人十数名の強盗窃盗事件、深川区東森下町付近志留粉屋の鮮人放火事件等皆九月一日日没頃より発生したり、阿鼻叫喚の惨状を呈し居たる間鮮人に於て此の如き犯行ありたるが為其の不逞を悪むの声自ら江東一帯を蔽うに至りたるものとす要之東京市及市外に於ける鮮人不逞行為に関する流言は横浜方面より伝播されるものと実在せる不逞行為に基き自発したるものとに二種ありと観察するの当れりと信ぜらる」としている。

要するに横浜では山口正憲らの無分別な行動に流言の発生源があると推量し、被災地の一方の極である東京では、朝鮮人の非行暴挙を一般市民が目撃したことが発生源であり、「鮮人」の自業自得との立場を鮮明にうちだしている。

東京の場合

しかし、一般市民の目撃した朝鮮人非行の証拠として、同調査書が「今回の変災に際し、鮮人にして凶暴の行為を為すものあること喧伝せられ、就中、大火の原因は鮮人の放火に基くものにして、予て企図せる不逞計画の一部を此の機会に於て実現せんとしたるものなりと為す者あり、又、その間社会主義者との連絡ありと為す者なきに非ず、依て極力之が捜査を遂げたるも別表に記す犯行」として報告したのは次の諸犯罪である。

すなわち「殺人二件、同未遂二件、同予備二件、放火三件、強盗四件、強盗傷人一件、強盗・強姦一件、強姦二件、傷害二件、脅迫一件、橋梁破壊一件、公務執行妨害一件、窃盗一七件、横領三件、贓物運搬一件、流言浮説二件、爆発物取締罰則違反三件、銃砲火薬物取締罰則違反一件」である。

そのままみれば、あげられた犯罪そのものは、いかにも仰々しい。どさくさにまぎれた「不逞鮮人」の凶行から流言が発生したかのような錯覚におちいる人もいよう。

しかし、だまされてはいけない。詳細に検討すると、罪名の大げさなのに比べて内容はあまりに空疎である。実体がないのである。次表に数件の犯行内容にかぎってあげておこう。

ことさら荒唐無稽な「犯行」だけを選択したわけではないが、引用にも一部あきらかのように、前記四九件の犯行のうち加害朝鮮人の一〇のうち八までが氏名不詳、被害者もまた氏名不詳なのである。権威ある司法省当局がまじめにこの内容で犯罪を構成するに足ると考えたのであろうか。

氏名不詳者を朝鮮人と認定した根拠はなんなのか。ありていにいえば、無根拠な流言をそのま

日時	場所	犯人氏名	罪名	犯罪事実
九月一日 午後八時頃	日本橋区北鞘町一石橋際大谷倉庫	氏名不詳 鮮人 一名	放火	同上倉庫附属木造物置庇先に放火したり。
九月一日 午後十一時過	本所区柳島元町電車終点附近	金孫順	強盗 強姦	避難中の氏名不詳一内地婦人を強姦せんとし遂げざりし為め女物衣類十二点、外雑品在中の「バスケット」を強奪す。亀戸署に拘禁せられたるも同署類焼に瀕したる為め二日解放せられ所在不明。
自九月一日 午後十一時 至九月二日 午前二時頃	本所区柳島元町一六九番地呉服商中里奥三方	姜金山外 氏名不詳 鮮人三十名位	強盗	㈠火災避難の為め混乱せるに乗じ店員に暴行を加え反物類数十点を強奪し、㈡次で三十名位一団となり店頭に押し寄せ内十数名、店内に乱入し、土足の儘奥座敷及二階に押し上り、店員に暴行を加え各一抱位宛呉服類を強奪す。犯人中姜金山は亀戸署に拘禁せられたるも前同一事由にて解放せられ目下所在不明。
九月二日 午後十一時頃	南葛飾郡吾嬬町大字木の下一八一番地附近道路	氏名不詳 鮮人一名	流言 蜚語	大震火災の為め混乱に陥りたる吾嬬町道路に於て「海嘯々々」と連呼疾走し、虚報を伝えて民心を攪乱す。一日取押えられるも後逃走す。
九月二日夜	吾嬬町	氏名不詳 鮮人一名	強姦	吾嬬町に於て氏名不詳銘酒屋女風の内地婦人を強姦す。

司法省編『震災後ニ於ケル刑事事犯及之ニ関聯スル事項調査書』

ま追認文書化したものにすぎないではないか。いかなる観点からみても犯罪事実を構成していないのである。

氏名のわかった金孫順、姜金山など、朝鮮人の名前としては奇妙であり任意に創作した疑いすらみられるが、そのかれらも亀戸署に拘禁され、同署類焼に瀕したるため、二日に解放され、所在不明とある。両名の氏名は亀戸署で調査したものであろうが、それにしても朝鮮人の総員検束がはじまったばかりのときに解放とはどういうことか。命があれば、必ずどこかの収容所に検束されていなければならないのに行方不明とはどういうことか。姜、金両氏は逆に亀戸署で虐殺された被害者の可能性が強いのである。

このような虚構の「犯罪」をなぜ調査書に記入したのか。それこそ「過激思想を有する朴烈事朴準植等十余名が内地人数名と共に不逞の目的を以て秘密結社を組織せる事実を発見したるに由り、之を起訴し、尚重大なる犯罪の嫌疑ありて目下之が取調中なり」との「大逆事件」を捏造したことと軌を一にしたもので「鮮人の殺戮があまりに多数であったために一方で鮮人の罪悪をどうしても相互的に発表せねばならぬという体面上の問題」からつくりあげたものである。いかに秘密文書のレッテルがあるとはいえ、こんなでたらめなつくりごとを流言発生源と信ずるわけにはいかないだろう。

横浜の場合

横浜発生説は、流言の源流にさかのぼり、一個人の言動を発生源とした点に特色があるが、山口正憲にしぼられる過程は納得のいかぬものがある。

吉河光貞著『関東大震災の治安回顧』は山口正憲が、平楽小学校の集会で食糧品略奪を煽動し、その際「鮮人ガ夜間、内地人ヲ襲撃シテ危害ヲ加ウルノ説アルヲ以テ互ニ警戒セザルベカラザル旨ノ宣伝ヲ為シタ」との司法省調査書の見解をふまえて、流言の発生は「鮮人の暴虐でなく之と似而非なる内地人罹災民の暴挙であり、之等の暴挙が鮮人の暴挙と誤認され訛伝されたのではあるまいか、或は又、彼等罹災民が暴挙に際し、流布したる言説に基因したのではあるまいか」と発生源を山口個人から民衆に転嫁している。

しかし、この事件の研究、とくに横浜地方での実態究明に努力をしている斎藤秀夫氏や山本すみ子氏の研究から山口の行動をみると山口は、いわゆる「国家社会主義者」で当時の社会主義者からは「右翼ボスと見られていた」人物である（斎藤秀夫「関東大震災と保土谷」『追善のしおり』）。震災後は「唐沢の巡査派出所に赤旗をおしたて、救護団を組織し」、「罹災者救護の美名の下に銃器刀剣その他のものを携帯し、擅に寄付の募集、徴発と称して財物を劫掠し」、一方では「幾度か警察に対し市内警備に任ぜんことを申出で」、警察が「横浜植木会社に移動したので一緒に移動」(山本すみ子「朝鮮人虐殺と歴史読本」『教育労働研究』一)したことからみても、「警察とは必ずしも悪い方ではなかった」といわれる。いわば米騒動の経験をいかした変型自警団長として警察から公認または黙認されていた人物である。

神奈川県警察部長西坂勝人は調査書のいう山口の行動を九月二日「午前五時頃、社会主義者らしきものが、中村町平楽原の原頭で虚に乗じ、掠奪すべく煽動演説をして居るという報告に接したので、直ちに巡査十数名を引率して、現場に向ったが、途中で旗を持ち、赤旗を巻いた一団に出会ったので、之を追い散らし、更に現場に行ってみると、群衆は已に解散した後であった。所謂社会主義者とは例の立憲労働党首領山口正憲のことで、能く調べてみると付近の罹災民を集め、糧食自給の方法に関しての演説であったと云うことが判ったので、不穏の言動を為すべからざる様警告して引上げた」(『神奈川県下の大震火災と警察』)と記録しているが、西坂のいう集会とさきの司法省調査書にある、九月一日午後四時、中村町平楽原での山口主催の食糧品略奪の避難民大会と、どうちがうのであろうか。

前者が九月一日午後四時、後者が九月二日午前五時頃という日時のちがい以外に内容の相違点はみられない。どちらかが誤植であることもあるし、二つの大会があった可能性も否定できない。しかし、一日午後四時は、まだ地震に続く火災や余震に人びとが逃げまどっていたときであり、食糧品確保の大会に目をむける余裕があったかどうか疑問である。この点をあきらかにする証拠はないが、かりに大会が二日早朝に開かれたものだけならば、山口が当局の流言追及に対し、「流言は九月一日夜、八、九時頃以後に之を耳にしたるものにして、夫れ以前は此の点に関し全く知る所なし」とした発言が、真実であり、山口が二日早朝の大会で「鮮人放火」を宣伝したとしても、すでに一日夜に流布伝聞したものをのべたにすぎないことになり、調査書のいう発生源を確定したことにはならない。

また、西坂は、山口一派の大会場に臨場して、取締りを行なったのであるが、朝鮮人流言に関することはなに一つ報告していない。西坂が、その著書をあらわした動機から考えても、もし、この時に流言を聞いていたのなら、特筆大書しているだろう。

山口への官憲の対応の変化から山口発生説をもういちど考えてみよう。

三日以後戒厳軍隊が進駐すると、戒厳当局は警察とは別に独自の治安確保にうごきだし、とくに食糧自給工作、救護団などを組織して税関倉庫、富豪などからの緊急分配を主張する山口一派に警戒の目をむけはじめた。軍隊は、山口の力を利用するため山口らと癒着しその行動を放任していた「警察は必ずしも信頼すべからず、山口一派に使嗾せられる形跡なきにもあらず」とまで不信感を強め、警察力を無視する山口一派をやがて「節制なき暴民の一団として」検束するに至るのである。

この転換は戒厳軍隊が、単に山口の犯罪摘発に積極性をみせたという程度でははかれない内容をもっていた。官憲中枢が震災下発生した朝鮮人暴動の流言とそのもたらした惨禍をどう収拾するか、という高度に政治的な善後策とのからみあいが背後にあった。

後章において朝鮮人暴動の背後に社会主義者ありとのあらたな流言が、なぜ流布されたかについてあきらかにするが、ここでは九月五日に「海外宣伝は特に赤化日本人及赤化鮮人が背後に暴行を煽動したる事実ありたることを宣伝するに努むること」を含む朝鮮問題に関する協定が権力中枢で成立し協定の枠ぐみのなかで山口一派への弾圧がはじまったことを指摘しておきたい。

山口はいわゆる社会主義者を仮称したことによって暴動朝鮮人を指揮した頭目にしたてあげられるべく検挙されたのである。この事情を集約的に凝縮したのが次の新聞記事である。

記事は「日鮮人共謀の賊団捕われる、横浜市内で」の見出しが付けられており、「横浜市の秩序回復せざるに乗じ、山口某の率いる日鮮人合同の過激派数十名は根岸競馬場付近を根拠として昼夜の別なく、強盗、強姦その他あらゆる犯罪を行っていたのを第一師団司令部で探知し、軍隊を派遣して十日夕刻、山口以下十数名を逮捕し、なお残余のものも続々逮捕している」(「東京日日新聞」九月一三日付)と、センセーショナルな内容をもっていた。

流言をとばした張本人から暴動朝鮮人の頭目に変身した山口が、朝鮮人虐殺の合理化のため、スケープゴートにされたことはもはやあきらかであろう。すでにみたわけのわからぬ朝鮮人犯罪の捻出とおなじ発想がみられるのである。

調査書のいう流言の発生は一方で、「鮮人」の自業自得、一方で、山口一派のいわゆる過激派との関連で発生したものであると断言し、いずれも官憲に免罪符を与えている点に特徴があるといえよう。

さて、司法省調査書は必ずしも秘密にすべき真相を記したものでなく、記録するだけで真実の一端をつくりだすべく準備された「秘密文書」であり、検討なしに根拠にすべきでない文献であることがわかった。

しかし、どんな流言でも、かならず源があるはずであるが、それを記録により系統的に追究、確認したものがないとすれば、では、なにを根拠にどのように考えるべきか。

研究者によるこんにちまでのいくつかの推理究明の輪郭を紹介しておこう。いまのところ松尾尊兊氏の自然発生説、すなわち、官憲が意図的に製造したものではない、民衆の深層心理に一般化していた朝鮮人差別観が、異常事態に直面し、流言として噴出した、いわば下からの流言という説と、著者および斎藤秀夫氏など権力者が特定の予断にもとづき流布した、上からの流言の二つの説がある。

双方の相違点の特色は、前者は、流言発生地点が東京、横浜、川崎など広大な地域にわたり、災害そのものの情報が十分に伝達されないうちに散発的に発生し、時間も多岐にわたり、流言特有の地域性、連続性、系統性もないことから、発生源を限定しえない、したがって、ある特定の機関、または個人が意図的に放ったものではない、一般市民のもつ差別観が災害に直面し、噴出したものである。日本国民の他者への差別思想こそ、流言の源であり、官憲は民間に自然発生した流言を確認して戒厳令を施行し、伝播工作をしたという。

これに反し、後者は戒厳令布告後、戒厳軍隊、警察力の主導の下に虐殺が行なわれ、その支援、承認の下に一般民間人も、虐殺に積極加担したことを重視し、権力が戒厳施行の名分として、朝鮮人蜂起を利用し、流布し、国民の不満を凶悪な排外心にすりかえたとする。

また斎藤氏は官憲による朝鮮人危険視という点で著者と同じであるが、摂政の箱根行啓による沿道警戒、そのためとくに横浜管下に視点が限定されている点に相違がある。

流言の種類

以上のような論議があることを前提に、いまいちど本格的な流言の伝播をみるまえ、すなわち九月一日夕刻前後から各地で散発した流言を紹介しておこう。資料的根拠を明示できるものを列記すると次のとおりである。

九月一日午後三時頃、社会主義者及ビ鮮人ノ放火多シ（警視庁）

九月一日午後四時、突如トシテ鮮人放火ノ流言管内ニ起リ（王子署）

九月一日、鮮人ハ東京市ノ全滅ヲ期シ爆弾ヲ投ゼルノミナラズ更ニ毒薬ヲ使用シテ殺害ヲ企

ツ（巣鴨署）
九月一日午後六時頃、鮮人襲来ノ流言初メテ管内ニ伝ワリ（芝愛宕署）
九月一日午後八時、鮮人暴行ノ流言管内ニ伝ワリシハ九月一日午後八時ニシテ之ト同時ニ鮮人ニ対スル迫害モ亦開始セラレ……（小松川署）
九月一日、流言蜚語ノ始メテ管内ニ伝播セラルルヤ署員ヲ要所ニ派遣シテ警戒ニ従事スルト共ニ民衆ニ対シ軽挙妄動ヲ戒メタリ、而シテ同日薄暮自ラ本署ニ来リ保護ヲ求メ或ハ署員ニ依リテ検束セル者等ヲ合セテ支那人十一名鮮人四名、内地人五名ヲ収容セリ（外神田署）

（以上、警視庁『大正大震火災誌』）

九月一日午後七時頃、「根岸町相沢及山元町方面では鮮人約二百名襲来し放火強姦井水に投毒の虞ありとの浮説が寿警察署管内中村町及根岸町相沢山方面から伝わり」（山手本町署）
九月一日午後八時頃、「根岸町立野方面では本牧町大鳥谷戸及箕輪下方面は鮮人の為に放火され目下延焼中又大鳥小学校に鮮人二、三百名襲来、……の浮説本牧方面から伝わり」（山手本町署）
九月一日、午後三時頃から鮮人暴動の浮説が伝えられた（川崎署）

（以上、西坂勝人『神奈川県下の大震火災と警察』）

一日、その夜はいずこの家もことごとく屋外生活、しかるに午後九時ごろ警鐘が乱打され不逞鮮人来襲の飛報がもたらされた。川越市民はことに老幼はほとんど近村に避難した（『かくされていた歴史』）

（埼玉県芳野村）

九月一日、水戸では一日午後には、もう朝鮮人という話が伝わっていた（柳川昇『よい体験』）

九月一日に発生した流言の特色の第一は、発生地が関東一円の広大な地域にわたっていること、第二は発生時刻がばらばらで、それぞれ独立の発生源を想定せしめること、第三に比較的災害の僅少ですんだ地域、とくに二次災害である火災の被害のすくなかった地域であること、第四に、したがって警察力の回復が早く迅速に火災防止が強調された地域であることがあげられよう。いずれをとっても、のちにふれる九月二日午前中爆発的に伝播した密度の高い集約的かつ具体的な流言ときわだった対照をなしているが、内容の類似性からみてその源になった可能性は大きい。

流言の発生が散発的であること、発生源が複数であること、したがって根源を限定しえないことなどは、一日の流言が特定の機関または個人が意図的に放ったものではない、松尾氏のいう、一般市民のもった偏見、朝鮮人蔑視観、日本人一般の他者への差別思想から自然に発生したことも十分考えられよう。

財産を一挙に焼失した人が、保険金目当に朝鮮人の放火と口走ったかも知れない。原因不明の火災の理由づけ、「不審火」の納得にてっとり早くよそ者の朝鮮人をはめこんだこともあるだろう。ごく些少な朝鮮人の犯罪が現実にあってそれを針小棒大に騒ぎだしたことも想定できる。

当時の一般市民は濃淡の個人差はあってもほとんど朝鮮人差別観をもっていたと考えられるし、また、とくに植民地支配思想の汚染を強調しなくても、どこの国々にも偏執狂、妄信者はいるから、流言が一般民衆次元で発生したことを明確に否定することはできない。またそうした軽はずみな流言に付和雷同する一般市民の「軽信性」を問題にすれば民心からの自然発生の可能性はさらに大きいものになるだろう。

朝鮮人差別観について

しかし、一方こうした偏見はつねに民衆の念頭に顕在化しているだろうかの疑問にぶつかる。差別観は潜在心理としてはあっても被差別者がライバルとして登場したとか、おのれの没落、相手の浮上にともなうねたみの心とか、被差別者を家族の一員にするとか、ぬきさしならぬ利害関係によって尖鋭化するのが一般であり、また個人的な接触を通じて増幅消滅したりするものであろう。

とすれば一般市民が個別的な利害関係でどれほど朝鮮人と接触があったかが問われねばならない。あの頃の一般市民にスワッ朝鮮人とおっとり刀でかけつけるような具体的な敵視観が形成されていたであろうか。当時の関東一円の在日朝鮮人の絶対数、職業構成、生活状態、居住地域などと関連させながら検討してみよう。

日本帝国主義の朝鮮占領後、朝鮮人の日本への渡航の自由はなかった。日本の行政官庁は不許可主義を方針として堅持していた。一九一九年四月の朝鮮総督府警務総監部令第三号に依る旅行証明書制度による制限はその一例である。しかし第一次大戦後の好況と労働力不足はこうした制限を緩和の方向にむかわせた。一九二二年一二月、警務総監部令第三号は廃止され、建前として朝鮮人の自由渡航制が実現した。植民地朝鮮での生活の土台を失った農民たちが労働市場を求めて日本に来住しはじめた。したがって震災当時の朝鮮人の日本居住歴は一、二年未満の者が多かった。

横浜、東京地区の朝鮮人人口は最大限にみて合計二万人弱にすぎなかった。渡来朝鮮人に分ち与えられた職業は、水道、土木工事の土方、日雇人夫、荷揚人足など単純肉体労働が多く、ほとんど単身生活者で占められていた。それに若干の行商人と留学生がつけ加えられた。

留学生が一般日本人家庭への下宿、特定の寮生活をしたのを除けば、労働現場との関係、および経済的かつ職業上の集団生活の必要から印でおしたように日本人企業主の監督下にある場末の飯場などが生活の場であった。定着はほとんど望めなかった。工事の完了は移動を意味する不安な立場であった。朝鮮人の生活の座はこんにちでは考えられないほど狭い範囲をでなかった。したがって、一般市民との日常的接触は疎遠であり、稀薄であった。一般市民が日常的にそれほど朝鮮人を意識する場はなかったのである。

生方敏郎は、「放火と聞いて私達はゾッとした。又朝鮮人と言うのを甚だ意外と思った。私はカフェーの給仕だの飴や筆を売りに来る行商人だのにいくらも朝鮮人を見ているがいずれもおとなし相な人の好さそうな者許りであった」(『明治大正見聞史』)と書いているが、「この例は東京の中産階級に属する人びとの朝鮮人との接触を示しているのだろう……生方の筆には少なくとも、朝鮮人について『オソレ』の感覚はない」(三橋修『差別論ノート』)と分析されているが、一般市民が朝鮮人を日常的に危険視して生活することはありえなかっただろう。むしろ生活を共にした人は、日頃の友人の素性を知っているだろうし、すぐさま放火の嫌疑をかけることは逆に少ないと思わねばならぬ。

官憲や自警団員が朝鮮人捜索に血道をあげた時、一身を賭して下宿の学生や同居の雇人をかばった「美談」も多いのである。朝夕にかわした挨拶が煽動にのらぬ冷静さをうんだのであろう。しかし、だからといって流言がどこからともなく発生したことを否定する根拠にはならない。さきにふれたように不審火は朝鮮人の放火であると言い放った者がいることは依然否定しえぬ。流言が当時の一般市民の共感をかちえたことは事実だからである。

だが、こうした容易にありうるという可能性を国民の差別観の強さとその描く妄像だけに求めて発生源を一般化することは、流言発生の可能性を日本国中に普遍化してしまうことになるし、またそれを否定する理由も前記のような観点で同じくらい以上に支持しなければならないことになる。

官憲グループ

流言発生を普遍化するまえに、朝鮮人を敵視し、それを職業とし皮膚感覚とした官憲グループの行動を検討してみる必要がないだろうか。そうした連中が現実に存在したのである。一九二〇年代はとくに朝鮮民族解放闘争の昂揚激化にともない、警視総監がまっさきに「鮮人といえば直ちに不逞鮮人を連想し更に拳銃爆弾を行うことを想像する」時代であった。朝鮮人は日本帝国主義権力の最大の敵と想定されていたときであった。

こころみに当時の官憲が、いかに在日朝鮮人を敵視し警戒していたのか、その片鱗を紹介しておこう。

日本官憲は、朝鮮人を「日常不穏ノ企図ニ出ヅル虞アリ」「殊ニ其ノ裏面ノ動静探知ニ努ムベシ」（「内務省訓」第六一八号）などつねに治安対象として敵視し視察していたことは議論の余地がない。大部分の留学生を含むめぼしい者は要視察人に編入されていた。要視察人は甲号乙号に分類され、甲号には普通五人、乙号には三人の尾行がつきまとい、日常生活を監視していた。

調査は完璧をきわめ、必要とあらば被調査者を裸にしている実例を提供することもできる。要視察に該当しないものでも、当該所轄府県では、身辺調査に遺漏はなかった。人相、特徴、交友関係、とくにその日本観など綿密に記録され、言動調査だけでも厖大な書類の山をつくっていた。書類の山は朝鮮人の生活の場に踏みこんだ記録であり、いつでも弾圧を可能にするための準備であった。

弾圧の準備担当者がいわゆる特高内鮮係であったことはいうまでもない。ある特高内鮮係の座談会（東京刑事地方裁判所検事局思想部『特高主任者会議』其の一）での担当刑事の発言要旨を紹介しよう。

A「鮮人の嘘はお話になりません。取調中でも実証を突きつける迄は、決して本音をはきません。然かも其の事丈は白状するが、其他は一切云わぬと云う風で、その場逃れです……嘘をつく事は鮮人の国民性とでも申しましょうか」

B「鮮人は思想運動をしなければ必ず婦女を誘惑して居る現状で、何等節操感なき民族でありますから内地人と比較して罪の軽きものでも十分厳罰を以て考慮されたいと思います」

C「内地人なら留置場に入れられると三日位で参って仕舞いますが、朝鮮人は一ヵ月でも半年でも平気で居るのです。これは鮮人の生活程度の低い為め寧ろ留置場に居る方が自分の家庭に於けるよりも楽に思う様な場合があるので留置場に居るのは只自由に遊びに出られないのが辛い位のもので安楽な生活位に思って居るのがあります」

D「鮮人の通習として何んなに詫っても涙を流して詫っても全く信用出来ないので困ります」

E「朝鮮人を見る時は内地人の考え方や常識では全く間違って来るのです」

引用はごく一部であるが、座談会全体を通したときの牢固とした偏見、差別観、蔑視観はまさによくぞ教育せり、天皇制権力のみごとな成果と感嘆するほかない。解放前の在日朝鮮人でこの偏見の吹出物「特高内鮮係」の「旦那」たちの「お世話」にならなかったものは少ないであろう。この官憲集団こそが、在日朝鮮人に日常突き刺された日本権力の棘であった。支配服従の関係がつづく限り永久に正当化された棘だったのである。

朝鮮人を先天的に背信者であり、嘘つきであり、無能力者であり、社会の不適格者呼ばわりし、つねにおまえたちは二級品であると堪えがたい嘲笑の的にしてきた官憲集団の存在は朝鮮人の在日の歴史全過程に重要な意味をもっていると断言してもよい。

「鰯は魚か鮮人は人間か」といわれた悲しい時代になおいっそう朝鮮人の人権無視と抑圧にせっせと精出し、「鮮人」すなわち「要視察」対象と鼻をうごめかしていた特高内鮮係を中心とする官憲が大震災による権力の瓦解、既存の秩序崩壊の不安にさらされ、まずなにを考えたであろうか。通常人間の発想はその人間の経験と行動のワクから大きくでるものではないのである。一般市民が権力に植えつけられた「支配民族」としてのいわれのない差別観から思いつくよりははるかに敏速にスワッ朝鮮人と、対応したのではないだろうか。自分たちのした多くの陰険な意地悪や虐待のゆえにいっそう過敏に反応することもありうることである。

原敬暗殺犯人中岡艮一の『獄窓十三年』によると、彼を逮捕した刑事の第一声は「お前朝鮮人じゃないか」であったという。官憲のこうした先入観は流言の発生に大きな意味をもってこよう。

要するに敵視蔑視を任務としたものと、教化され差別観をもたされた一般市民とは、主動受動の相違があり、質的に明確に区別されねばならない。

「鮮人」要注意で頭が一杯の「特高内鮮係」が上部のあらたな指示をうけなくても自発的に「警戒心」を発揮するのは権力本来のありかたからいえば当然であろう。余震のくり返すなかに原因不明の火災をみて「鮮人の放火に注意せねばならぬ」「鮮人が徒党をくんで復讐するかも知れぬ」などの疑心暗鬼にとらわれることはありうることである。朝鮮人が日本権力を憎悪していることをだれよりも承知しているのは、ほかならぬ官憲であり、警戒本能から流言の発した可能性はきわめて強い。少なくとも民衆次元よりははるかに確率は高いのである。

『神奈川県下の大震火災と警察』の著者、西坂勝人は最近「こういう混乱時にはまず『不逞鮮人』危ないという考えをだれかがいい出したのが朝鮮人襲撃の発端だったと思います」と回想しているが、このだれかは命を守るため逃げまどう民衆よりも「官憲」そのものである方が妥当性は強い。時の警視庁官房主事正力松太郎は「過ちを将来くりかえさないために」と断りながら「この嗤うべき流言は一日夕方ごろから中野、淀橋、寺島の各署から警視庁へ報告された情報から始まっている。事件の衝動から人心不安のところへだれかが怯えた想像をもって『ありはしないか』といった話が火元になって数人の間を転々とする中、いつの間にか『あった』となり、『見た』となり、いわゆる一犬虚に吠えて、万犬実を伝えるになったものに相異ない。非常識でもあれば臆病でもあるが、警察情報となると幾分の権威をもってくるから信ぜられてくる」（御手洗辰雄『伝記正力松太郎』）として、西坂のいうだれかが官憲内部にあったことをほのめかしているが、官憲内発の自縄自縛的な疑心暗鬼に流言の発生源のある可能性がもっとも強いといえる。こう考えれば、前記斎藤氏のいう摂政行啓の沿道警備を怠らなかった横浜の警察からも流言の発生したことは当然であろう。流言は官憲のもつ偏見の苗床にあって発芽したと考えるべきだろう。内部で発生した流言は多少の疑惑をはさみながらも半信半疑の形で権力相互間に情報交換され、交換される過程で、自己暗示にかかり判断の一様性を露呈したのはほかならぬ官憲そのものであって、東京、神奈川、埼玉など広大な地域に系統性もなく流言が多発したのは、こうした背景があったと考えられるのである。

証拠として埼玉県での流言発生の事情を紹介しておこう。

埼玉県入間町分会長の口頭報告（在郷軍人会）

九月一日午後七時頃警察署は警鐘を乱打し、警察官は和服に日本刀を帯び自転車に乗じて町民に左の如く警告せり。

爆弾凶器を有する鮮人十一名当町に襲来し内一名捕縛さる、此者は六連発短銃と短刀を携帯す、全町は燈を滅し戸締をせよ。

午後九時頃約八十名の鮮人小川方面に現われ爆弾を投じて小川駅停車場に放火す（此報に接し入間川町老人婦女は森林に避難す）。

鮮人八百名が五里を去る地点に襲来し、其一部は金子村に於て消防組と格闘中なり、当町在郷軍人分会消防隊は格闘の準備を為すべしと。

其間更に左の報伝わる。

約六十名の鮮人は、三ヶ島付近の民家に襲来し、同村消防組は全滅せり、当町へ応援五十名を要求し来る。

午前二時左の報あり。

敵は解散して行衛不明なり。

九月三日夜、約四十名の鮮人当町付近の山林に集中し焚火をなしあり、又或は川原に於て燈火信号を為しありと。（之を偵察すれば山林集中は事実無根、燈火信号は一人の漁師が角燈を持して鯰を取り居たるなり）

九月三日午後十時警察署へ町内の各団体役員を招致し、当町付近には鮮人の居らぬことを言明し、且つ斯かる蜚語を放つものは爾後厳罰に処せらるべき旨を諭し凶器の携帯を禁ぜり。是に於て町民は憤慨して、一日以来の風説は悉く分署長自身及警察官より出でたるにあらずや、警察官は須らく先ず其責に任ずべしと、又一部の者は入間川分署長は社会主義者にあらずやと呼わり紛擾を極めたり、漸く有志家の調停によりて事なきを得たり。

入間川警察署は本署即ち所沢警察署の命に依りたるものと弁明せり、警察及鉄道省の電話が以上同一の言を伝達したるは奇という外なく其根源の何れにあるや詳ならず。

以上の次第にて今や警備等は全然在郷軍人会分会及其他の自衛団によりて維持せられつつある状況なりと（九月十日報告）（『東京震災録』）

引用は「根源の何れにあるや詳ならず」としているが、あの混乱のさなか、鉄道電話、警察電話をだれが使用しうるであろうか。一般市民と考えるものはないであろう。血相かえた警官が民衆にふれ回ったのは、のちの民衆の抗議の声をまつまでもなく上司から確実な情報が伝達されたからとしか考えようがないだろう。官憲は疑心暗鬼から重大な誤算を引きだしたのである。

また、官憲の予断が市民を教唆煽動したことも忘れてならない。さきほど正力が証言したように警察内部で発生した流言は、そのまま官憲中枢に報告として還元する一面もあったろうが、いま一面では一般市民を汚染させ、民衆次元での流言を再発生させる契機ともなったのである。そうした型として確実に想定できるのは次のことである。さきにのべた、一日の流言発生が（正力の発言であらたな発生地とされた中野、淀橋、寺島の各署を含めて）例外なく火災被害の少ない地域であったことを思い出していただきたい。

青年団への働きかけ

地震後、この地域での警察の任務はなにより防火の必要性を強調したことである。ここで慣例上警察と関係の深い在郷軍人会、青年団、消防団など民間団体に非常召集をかけ、警察力補充の一助とするこころみがなされた。全警察にこの方針が貫徹したかどうかはわからないが、さきにのべた被害が比較的軽微で市民が避難しないですんだ地域では、民間人が早くから警官とともに火の元の注意に狂奔し、当局のもたらす情報伝達など権力の末端につらなっていたことは事実である。

小石川富坂署管内の例をあげておこう。ここでは、地震後ただちに「青年団員及派出所員ハ自ラ各家ニ侵入シ危険ヲオカシテ火気ノ有無ヲ検シツツアリ」「非常召集ニ依ル各町青年団在郷軍人会員ト入雑ッテ各派出所巡査ガ日頃純白ノ夏服ヲ落下スル土煙ニ全身ヲ染メッツ火ニ気ヲ付ケヨ火ヲ消セヨ」（富坂署『震災記録』）と声をからしていた。この場合、一般市民の心は原因不明の不審火や吹きまくる旋風、火勢に不安をもっていたし、むらがる黒煙のような被暗示性にかかっていた。つまり、危機の原因にむかって全神経を注入した状況にあったと考えてよいだろう。

こうした一般市民を動員した権力が行動要領を訓示し、その訓示に要視察人、社会主義者、朝鮮人の策動にとくに配慮せよ、この際、放火に注意せよぐらいのことをいったであろうことは、さきにのべた警視総監の不穏分子、煽動者への恐れからもあきらかである。一般市民の被暗示性のたかまっているとき与えられたこの種の予断は現実に不審火とかさなって民衆をどうてんさせ、放火だ！　放火を実見した！　朝鮮人だ！　をいわしめ、流言の火種となったのである。危機的な人間集団は群集心理が作用し容易に集団ヒステリー現象を生むことは多くの事例によってあきらかである。与えられた予断が、民心にあった潜在的差別観にはぐくまれ、小さな針を大きな棒にするような流言化現象をつくったことはいうまでもない。パニック心理が一般市民を一匹が動けば一群が同じ行動をとるメダカの集団にしたのである。

こうした考えの傍証として次の富坂署管内の流言をあげておきたい。

「一日午後二時、三時頃、市内八方ヨリ出火延焼停止スル処ヲ知ラズ此間爆音間断ナク発生セルニ際シ社会主義者ハ今日ノ大地震ヲトシテ大活動ヲ開始シ八方放火シ中ニハ爆弾ヲ使用スルモノアリ警戒ヲ要ス次デ時間ヲ追ウニ至リ社会主義者ハ不逞鮮人ト提携シ活動シツツアリ」(富坂署『震災記録』)との流言があったと記されている。

さきに引用した警視庁調査が「一日午後三時社会主義者及ビ鮮人ノ放火多シ」であったことをみると、富坂署管内の午後二時の社会主義者単独の流言はもっとも早いものになる。社会主義者の問題はのちにふれるが、ここで社会主義者と朝鮮人という階級問題と民族問題をペアにした流言が最初に登場したことに素朴な疑問を感ずるのである。当時の日本の市民が朝鮮の民族問題と社会主義という階級問題の結びつきのもつきわめて高い政治性を流言の次元で想定しうるであろうか。まだ幼い日本の社会主義勢力を民衆が反射的に朝鮮人暴動と同じ比重で危険視する政治的反応をもちえたであろうか。官憲のよろこびそうなくみあわせはきわめて意図的な官憲的発想であり、赤池のいう不穏分子敵視の予断にみちたものであり、民衆次元の発生とは関係がないものであり、官憲によってあたえられたものである。したがって、社会主義者は消滅し、鮮人だけが流言化したのである。

一歩ゆずって民衆の次元での流言の発生を考えたとしても、依然権力の介入したことを否定することはできない。

発生源だけが問題ではないのである。ある個人が放火だと思っても、それを口にし流布する契機は発生の問題と一体で考えねばならぬ。つまり思っただけでは流言にならないし、権威のないものならば、無根拠な噂として笑殺されることもありうる。ある発言が流言化するには、その発言を確認し真実性を賦与し、社会化する操作が必要であることはさきにのべたが、真実性は流言自体のもつ内容より、だれの口を媒介にした噂であるかが重要な与件となる。

ある個人が放火と思ったとき、その考えを支持するのはかぎられた範囲であるし、また全的に信用したとはかぎらない。この思いが官憲に訴えられたか、情報として伝達されたか、なんらかの形で官憲に確認されることが重要なのである。管理社会にあっては、その情報が、官憲に確認されたか否かが信ずべきか消滅すべきかの分岐点でもある。半信半疑のものでも警察情報だから信じたという人は意外に多いのである。流言の出所をあかすことも大事だが、運んできた種を、ルートにのせたものがだれかを確認するほうが流言化の条件として重要である。流言の元はわからなくても、人を煽動した事実のほうが影響は大である。思ったことが世の中で表面化してしまえば、発言者から独立して、自動的に流布し、潤色し、自己発展するのが流言である。いったん流言化してしまえば、原因が個人の作為や無知であろうと流言を否定するか信ずるかは、全然別の意味、別の条件をもってくるのである。

一般市民の口から〝朝鮮人放火〟を引きだした官憲は権力をあげてスワ一大事と思ったろうし、それが官憲中枢の耳に達したとき、その情報は再確認したい、直接たしかめたいとの慎重性もふきとぶものとして公認されたのである。赤池が「九月二日」具体的な朝鮮人暴動の流言に接したとして、いみじくも「余は其瞬間に一部不逞鮮人は必ず不穏計画や暴挙を行うだろう」と思ったと、その予断の正しさを述懐したように敵視観を権力の使命として誇ることはあってももう一度真偽をたしかめる冷静さはなかったのである。

官憲中枢に還元した流言はこんどは真実保証付のレッテルを貼られ、民衆にむかって再下向したことはいうまでもない。前章にのべた戒厳令発布の背景に流言があった所以である。ここに流言は権力が自ら放ち、教唆し、絶対化して再賦与した関係が成立し、再下向にはのちにふれるようにお上の権威が重要な役割を果すのである。

Ⅲ　流言の伝播工作

メガホンで警告して歩く警官

「治安維持に責任がもてない」

官憲の疑心暗鬼にこそ流言の発生源があったと考えるべき理由をあげてきたが、その流布拡大工作についても、官憲の責任はとうてい免れ難い。犯罪の場合はだれがその罪を犯したのか下手人をつきとめることが重要であるが、流言の場合はその出所をそれほど明確にできなくてもさしつかえない。流言がいかに伝播され、なにを惹き起したかがより重要である。以下流言がどのように拡大したかを検討してみよう。

すでにのべたように、九月一日流布した流言は、「社会主義者の陰謀」「不逞鮮人の放火」「社会主義者と鮮人が放火」など、官憲ごのみの単純な流言が多かった。ところが、社会主義者に関する流言は、九月二日の本格的伝播のはじまる前に脱落消滅した。

流言は人間の深層心理に深く根をおろした先入観によって肯定され、合理性を超越して流布するが、〝社会主義者の放火〟は一般市民に「事実」として肯定されなかった。通り魔のように人びとの口から口へぬけていったが、一般市民の潜在心理を刺激し、可信性を引きだすことはできなかった。流言といえども、民衆の関心の枠からでられなかったのである。一般市民が敏感に反応したのは、朝鮮人放火の部分であった。のちにふれる朝鮮人問題と社会主義者問題が異質のものであるという理由の一つである。

一日夜半以来、朝鮮人放火の流言は、次から次へ権力中枢に還流しはじめた。いま接した情報と別口の情報は同じである。どっちが本当か、どっちも本当だ。あちらの警察、こちらの警察が同じことを言っていれば、情報はますます確実だ。そうにちがいない。こうした判断の推移があったであろう。多少の疑惑、半信半疑の「良識」はけしとんだ。予断警戒が事実となったことに官憲は仰天、ろうばいした。

さきに引用した、官房主事正力松太郎の回想は、こうしたろうばいした心理をものがたるものであろう。官憲は「このままでは治安維持に責任がもてない」と一方で懸案の戒厳令を内閣単独の責任により施行するとともに、一方で民衆を権力の側にたたしめるべく流言の組織的大宣伝を開始した。危険な朝鮮人に対し前もって守りを固め、できうれば先制攻撃に移りたかったのである。

市民側の動き

一日夜半に警戒と弾圧の両面の動きのあったことを支持する犠牲者の貴重な証言がある。曺仁承氏は次のように語っている。

「九月一日、私は知り合いの人達と家のない所なら火事の心配もないだろうと釜や米をもって荒川の土手に避難した。ところが、そこも火の勢いが強いので危ないと思い、川を渡った所で、私達はぶるぶるふるえていた。私達はこの時十三人（婦人八名）でいましたが、八時頃日本人達は津波がくるといって大騒ぎをはじめ、十時頃になると急にあたりが騒々しくなり、消防団、青年団、中学生までが一緒に来て私達の身体検査を始めた。検査をしながら『小刀一つ出てきても殺すぞ』と私達を脅かした。だが、私たちの中から小刀一つ出てくるわけがなかった。そのうちに縄を持ってきて私達十三人をじゅずつなぎに縛りあげ『少しでも動いたら殺すぞ、この儘ここで待っていろ』と彼らは土手に私達を残したまま去っていった。そのまま坐っているうち夜もふけて雨がシトシト降り出した。十二時頃になると橋の向う側で激しい銃声がきこえてきた。しかし、それらの音が何のためであるのかはわからなかった。私達は雨にぬれた儘夜を明かした。四時半頃明るくなり五時頃になると鳶口を手に手にもった消防団八人が私達の所に来て『云う通り動かずにじっとしていたから命は助けよう。警察に行けば大丈夫だから……ここに居たら殺されるぞ』などと云った。これを聞いて夜中に聞いた銃声がなんであるのかわかった。ここで初めて朝鮮人虐殺の事実を私達は知ったのである。自警団は夜が明けてから朝鮮人と判れば片っぱしから鳶口や日本刀で虐殺しはじめた。私達は向う岸へ渡らなければならなかった。橋のたもとにくるとそこは死体で足の踏み場もない位であったが、橋の両側も死体でいっぱいであった。これらの死体は全部朝鮮人の虐殺死体であった」（朝鮮大学校『関東大震災における朝鮮人虐殺の真相と実態』）

著者は証言が二日夜の記憶ちがいでないかと執拗に問い直した。同氏は一日夜であるとくり返した。くり返すたびに、この権力犯罪に対する怒りが、長い年月の胸のしこりが、ちらちらと感ぜられた。「避難」から「縛りあげられ」「殺すぞ」と脅され、二日朝の虐殺体をみるまでの証言には連続性があり、記憶ちがいとは思えない。悲しみと痛みの記憶は年月の隔りを越えて正確と思われた。

また、当時大井町のガス管敷設工事場で働いていた全錫弼氏も一日の夜に一般市民の不穏な動きがあったことを回想して、次のようにのべている。

九月一日「夕方六時頃だったと思います。あちこちから日本人が手に手に日本刀、鳶口、ノコギリなどをもって外にとび出していました。しかし、私たちはそれが何を意味しているのか少しもわかりませんでした。しばらくして『朝鮮人を殺せ』という声がきこえてきました。夜も遅くなって受持ちの巡査と兵隊二人と近所の日本人十五、六名が来て『警察に行こう、そうしなければお前たちは殺される』といいました。私たちは家を釘づけにして品川警察署に向いました。私たち十三人のまわりは近所の人が取り囲み前後を兵隊が固めました」(朝鮮大学校、前掲書)

朝鮮キリスト教青年会理事の一人であった崔承萬氏は、「九月一日……早稲田を経て目白女子大学の正門に至るかどうかという辺から日本人市民の異様な姿を見かけるようになった。住宅と商店の門の前でならんで座りながらわれわれ一行をいちいち見あげて自分たちだけで何かコソコソ話しているようだった。在郷軍人と自警団の人間がひやっとするようなへんてこな目つきでわれわれを注意してみているのだった。特にわれわれを不安にさせたのは、家の前に竹槍、のこぎり、刀、かま、斧などがたてかけられていたことであった。……私の家がある村にはいっていくときには日がすっかり暮れ闇がせまる夜であった。五、六〇メートル前には提灯八、九個が前後左右行ったり来たりしており、人々の騒ぎたてる声が聞えてきた。私の家の方が異様であった。数十名の日本人青年の包囲の中で家内は幼な子を抱き立っていた。韓女史姉妹もそこに住んでいる卞熙瑢氏といっしょに立ちつくしていた、……在郷軍人と青年たちは家に入れないようにして列をつくって並べて号令をした。その次には番号をつけよということだった……約一時間のあいだ夜の道を歩かされた。人家が多くない田舎の道であった……連れてこられた所は板橋警察署だった。われわれは演武場の広い部屋に収容された」(「関東大震災下の韓国人」『コリア評論』)とのべ、地震から強制収容までの過程を具体的にかつ克明に記している。

また、埼玉の川口に居住した裵達永氏も一日夜に警察に連行されたことをのべている。犠牲者の証言ばかりではない。国房二は、一日の夜「私の家でも各自竹槍や刀を持ち出して万一に用意した。夜の十二時頃安心して寝に就く様にとの巡査の声を聞いてから私はひどい睡魔に襲われた」(一高国漢科『大震の日』)とのべ、小学校五年だった日野俊彦は、一日、日が暮れて「青年団が『〇〇人〳〵』と大きい声をはりあげた」(東京市立小学校児童『震災記念文集』)のを聞いている。

警視庁も管下各警察で一日に保護収容のあったことを否定していない。小松川署管内で九月一日午後八時に流言が起り同時に「鮮人ニ対スル迫害モ亦開始セラレ本署ニ同行シ来ルモノ多数ニ上リシヲ以テ」（警視庁『大正大震火災誌』）と記したのは一日の官民のうごきをあらわすものであろう。

証言を通じて共通なことは、いずれもさきにのべた二次災害の比較的僅少な地域であり、一日夕刻から夜にかけて青年団、在郷軍人会、消防団を中心とする武装した一般市民がおしだし、朝鮮人を監視検束しようとしたこと、その後警察や軍隊が一般市民の行動を支持し、発砲行為までしたことなどである。

暴動説が一般化しないうちのこうした市民の行動は不可解である。青年団や在郷軍人会がだれの命令で武装し朝鮮人捜索にのりだしたのか、かれらの自発的愛国心というより、すでに権力による朝鮮人敵視の指令がだされていたと考える方が自然であろう。

権力の指揮下に

確証を提示できないうちに、ほしいままの想像はつつしみたいが、官憲は一方で戒厳令施行による軍事力の展開を求めるとともに、一方で在郷軍人会、青年団、消防団などに各種の内訓を発し、権力の指揮下に統括しようとしたのである。

内訓の一つに「一部の朝鮮人ならびに社会主義者の中に不穏不逞の企てをなすものあり彼らに

乗ずるスキを与えざらんがため市民諸君は軍隊警察と協力し十二分に警戒されんことを願う、婦女子にして井戸に毒を投ずる者あり、井戸水に注意せよ」などの指令があったことはのちの埼玉県の例からも考えられる。「あの当時鮮人襲来のビラを新聞社名までくっつけてはり出したものが、あったそうな」(「東京日日新聞」)のである。

地震後、警視庁が権力機関の再編成をしたことは、さきにのべたが、再編後、外事課、特高課、内鮮係は大挙して「不穏不逞の徒」の偵察にでかけた。この時に一部朝鮮人の予防検束令が発せられた可能性は大きい。前記犠牲者の証言は、一般市民が警察力の一助として動員されたことを物語っている。

これを支持する有力な証拠として次の資料があげられる。

a 朝鮮人ヲ速カニ各署又ハ適当ナル場所ニ収容シ其身体ヲ保護検束スルコト

b 朝鮮人ノ保護ヲ確実ナラシムル為其移動ヲ沮止スルコト

c 内鮮人相互ノ融和ヲ図ル為朝鮮人労働者ヲシテ社会奉仕的事業ノ開始ヲ勧誘スルコト

右の三項目は九月二日警視庁の決定した朝鮮人対策であるが、流言が激しくなり、朝鮮人への危害が加えられたのちに、この方針がとられたのならまだ説明はつくが、九月二日夕刻以降に重大な局面をむかえた朝鮮人迫害に先行した対策であることが注目されよう。日時は九月二日としかわからないではないか、九月二日午後一一時五九分も九月二日であるとの疑問をもつ人のために、時間を明確にしたものが、次の資料である。

警視庁は九月二日午後三時に流言防止の方針を次のように決定している。

a流言防止人心安定ヲ策スベキ大宣伝ヲ実施スルコト
b流言ノ由来経路真相ヲ厳密探査シ流言ハ厳重取締ルコト
c真相判明スル迄ハ応急警戒ヲ実施スルコト
d朝鮮人内地人ノ如何ニ不拘不逞行動ヲ為スモノハ厳重取締ルコト
e朝鮮人ノ収容保護ヲ迅速ニシ且ツ内鮮人間ノ融和ヲ図ルコト
f自警団ヲ善導シ戎凶器携帯ヲ禁ジ、其暴挙ニ対シテハ断乎タル取締ヲ為スコト

（警視庁『大正大震火災誌』）

この二日午後三時の決定は、さきの三項目決定と同一ラインのものであろう。ここでも朝鮮人の強制検束と内鮮人融和が叫ばれている。二日午後三時といえば、記録によるかぎり朝鮮人、日本人の相互間にまだとりたてて融和を図らねばならぬ「不祥事」は招来していなかった。戒厳令も民衆には知らされていなかった。この時に内鮮人相互の融和を図るための社会奉仕的事業、つまりただ働きを強制しようという意図はなんなのか。誤植でないとすれば奇怪至極である。著者は当初誤植を疑ったが、前記三項目は「朝鮮人ノ保護」の項目の冒頭に記され、以下の文脈、日

時の順次配列から考えても誤植とはとうてい思えないし、後者もこれ以後の流言情勢をのべたのち、「九月三日水野内務大臣ニ報告シ」とつながっており誤植の疑いは少ない。他の関連文献をみても警視庁のこの決定は九月二日であり三日となってはいない。

なんらかの意図によりわざと誤植したのではないかの疑問はなお残るが、ともかく二日の午後三時の時点で官憲が相互に融和を図ったり、ただ働きさせて日本人の歓心を買ったり、自警団を善導する必要を予見していたと考えてもまちがいではない。

このことは官憲が朝鮮人の社会的孤立、まちかまえる不幸を事前に知っていたのか、または、よほど訓練のゆきとどいた頭脳明晰な官僚が一日夜半以来の一部流言や一部市民たちの策動が必ずこうした対策につながると読んだのか、これまでの犠牲者の証言にみたような迫害以上の、さまざまな苛酷な事実関係が進行していたかのいずれかであろう。これをあきらかにする資料はいまのところなに一つない。しかし、官憲が一日夜半に戒厳令施行を決定し民衆を動員し、流言の伝播工作に密接な関連をもっていたためにとれた事前の措置であることは知れよう。

官憲と流言

官憲は民衆のまえに流言を事実として描きだしたのである。官憲が朝鮮人強制収容をすれば、民衆はそれをみただけでなにかあると考えただろう。民衆を朝鮮人狩りの補助員として利用するのであれば、その理由を説明したであろう。これだけで、流言の発生と伝播が同時に進行した十分な背景説明たりうるだろう。

赤池は次のようにのべている。「斯る際人心を安定し常調を維持せんと欲せば絶えず良好有益なる事実を極力宣伝し、之を普及徹底せしむる必要がある。当時警視庁は苟も有益なりと信ずる資料は直に之を謄写してオートバイ自転車を飛ばし之を諸処に掲示し、大声又はメガホンを以て伝えしめた。例えば『大阪より米六十万石来るから安心せられよ』とか『青山四谷牛込の方面は震害少し彼方面へ避難せられよ』『余震はあるも大地震は無いから安心せられよ』とか又は『朝鮮人の大部分は温良従順なる故之を迫害し乱暴すること無き様注意せられ度』との如き又は安全なる避難地や救護所其他の処在を掲示する等、各種の宣伝を行い宣伝隊の如きは精力銷尽する位迄かなり活躍したのである」（『自警』第五一号）と。

宣伝がいつからはじまったか明確ではないが、一日午後「二時四十分激震があるとの張紙が出た……地震は予知すべからざる事は知って居ても、中央気象台とか何々博士の名によって少なからず胆を冷した」とか、「火は元町まで来ています」「震源地は伊豆大島付近東京を去る約二十五里の地にあり今後強烈なる余震なし、大森博士談」などの張紙がしてあった。「王子なる知己を問わんと谷中に至りし時傍の塀にはり付けられたる紙は汽車は日暮里より出づる事を報ぜり」といったものであろう。ビラ掲示の目撃者は無数にいる。官憲が地震直後からこのような宣伝活動をしたのは事実である。

ここでは、さしさわりのない「有益」な宣伝のみが記されている。しかし、「有益」な宣伝はこれだけではなかった。

九月二日午前十時市ヶ谷士官学校牆壁に「午後一時強震アリ不逞鮮人来襲スベシ」の掲示がだされた。同時刻巣鴨付近で官服着用の警官が来て「井戸に毒を投ずるものがあるから注意せよ」とし、茗荷谷では、「学校を中心に放火掠奪を擅にする不逞の徒がある」との謄写版印刷物を配布したものがあった。「放火の恐あり」「井戸に毒薬を投入する各自注意されたし」など「鮮人に対する警戒のビラが各巡査派出所に張り出され」たのも「有益」な宣伝の一つであった。

流言発生源の一つとして、軍事司法事務参考資料は、東京は「市内一般の秩序維持のため〇〇〇の好意的宣伝」、横浜は「無警察状態を救済する応急手段としての〇〇〇の好意的宣伝に基因するもの」(『東京震災録』)をあげているが、唯一の官報的存在であった「震災彙報」も「食料不足のため暴動の起らんとする状況が見える、情報部に於て人心を安定せしむる為に万全の策を講ずべしと云う上司の命令を受け」「随分ヨタを飛ばした」ことをのべている。ところが、九月二日に入ってからの流言蜚語なら各地間時刻に差異がなくてはならぬはずである。また、単なる流言は、この〇〇の宣伝が「思い切って公然且つ大ッピラに電信、電話、無線電報、騎馬、自動車、オートバイで堂々と行われた」(山崎今朝弥『地震憲兵火事巡査』)ものであった。流言をメガホン、伝騎、張紙で大量生産したのは他ならぬ官憲であった。

朝鮮人暴動を信じた民衆は「彼等は二百十日を期し蜂起するの計画を樹て八月二十八日に銀行や郵便局の預金を悉く引出し準備した。若し二百十日が静穏であったならば今秋の御盛典を期して行なう事に決して居たが恰も震災に乗じて活動した」（平田鉄の談話『関東大震災と朝鮮人』）とか、ロシアの革命記念日に爆弾を投げる計画をたててあったなど、一般市民の通常知りえない裏面の情報によって確信を深めていた例が意外に多かった。情報の根源は「職責上、一派の者が二百十日前後を期して不穏計画を実行せんとするの情報をえておったから、これが視察警戒方を海軍省の手をへて、無線電信をもって呉鎮守府司令長官に送り、各府県知事に伝達してもらう等の措置」（川村貞四郎『官界表裏』）をとった官憲の言動と符合することからも想像できよう。

発信人内務省警保局長後藤文夫、発信時刻九月三日午前六時、呉鎮守府経由各地方長官宛打電を依頼した次の電文はこうした予断の所産であった。

「東京付近ノ震災ヲ利用シ、朝鮮人ハ各地ニ放火シ、不逞ノ目的ヲ遂行セントシ、現ニ東京市内ニ於テ爆弾ヲ所持シ、石油ヲ注ギ放火スルモノアリ。既ニ東京府下ニハ一部戒厳令ヲ施行シタルガ故ニ、各地ニ於テ充分周密ナル視察ヲ加エ、鮮人ノ行動ニ対シテハ厳密ナル取締ヲ加エラレタシ」（『関東大震災と朝鮮人』）

右電文の他、朝鮮総督、台湾総督宛のものもあるが、いずれも日本政府が朝鮮人暴動を流布拡大した証拠として提出されるものである。

しかし、この三通の電報は、いずれも三日早朝の発信になっている。三日といえばすでにのべたように朝鮮人暴動説は一般にかなり蔓延し、戒厳令も布告されていた時であり、電文すなわちある種の予断にもとづくとはいえない。

しかし、電文がどこで発信されたかに注意してほしい。警保局長が起草した電文をただちに内務省で打電したのではないのである。

市内の通信機関

周知のように当時の東京市内の通信機関はすべての機能を停止し、外部との通信は東京、船橋間伝令使仲継の方法によって海軍省船橋送信所を経由して打電する以外になかった。後藤警保局長の電文もこの点では例外ではない。さきに戒厳令布告の決定が一日夜半であると論証したが、この電文は戒厳令と「鮮人暴動」の因果関係をわかちがたく公認した文脈で構成され、いつ起草されたのか、起草時の推定確認は戒厳令発布がいつであったかを知るうえでもう一つ大きな意味をもってくる。

まず東京、船橋間伝令使の任務に当った陸軍砲兵軍曹角田健次郎以下六名の兵士たちの行動記録から起草時解明に接近してみよう。

第一回伝令使となって角田健次郎、市川喜八が原隊から東京衛戍司令部（陸軍省内）に集結を命ぜられたのは、九月二日午前一一時三〇分頃であった。角田は陸軍省に到着すると即時海軍省伝騎として同省に配属された。かれはただちに海軍省に赴任し、同省に到着するやいなや「大至急」の通信文を交付され、再び「即時出発」（『東京震災録』）を命ぜられている。

すなわち、角田らが拝命し任地に赴くとすでに任務は待っていたのであり、角田らの行動は予定のコースにきっちりあてはめられて一分のすきもない。それはまさに角田の記述どおり「馬ニ水飼ノ余暇」すらなかったあわただしさであった。

したがって、角田らが通信文を受領し、海軍省を出発した時間を算定すれば、それは陸軍省集結の一一時三〇分に陸軍省海軍省間一キロ弱の騎馬所要時間を加算したときとみて大きなあやまりはない。おそらく正午前後と考えてよい。

さて角田らが船橋に到着した時間は角田によれば二日午後五時頃であり、送信所長大森良三大尉の日誌によると「二日午後八時〇分、海軍省ヨリ第一回陸軍伝令使各所宛電報多数持チ来ル」とある。いずれが正しいのかはわからないが、本所、深川など途中避難民による道路の混雑、火災、橋梁の焼失などの障害を考慮すれば、この所要時間五〜八時間は決してかかりすぎたとはいえない。大森大尉が「海軍省ヨリ第一回陸軍伝令使各所宛電報多数持チ来ル、送信電文避難者公用使警官等ニヨリ、東京ニ於ケル鮮人ノ暴動ヲ知リ敵愾心愈々高シ」と併記したことから後藤の電文がこの第一回伝令使により伝送されたことはまちがいない。

以上のいきさつから考えてくると、後藤の電文はその発信時刻よりもまる一日早い二日の正午頃には海軍省を出発したとの想定がなりたつわけであるが、しかし、それではこの電文はいったい、いつ、いかなる会議でだれが参加して起草したのか、などがあきらかにされねばならない。

しかし、いまのところこれらの詳細を知る記録はない。しかし一つだけわかることは、電文の起草時は角田ら伝令使の出発の以前であるということであるが、それはいつなのか。残念ながらこれも正確に推定する材料はない。しかし、船橋送信所長大森大尉の日誌を読むと、大森が海軍省に派遣した部下を公用使とし、角田ら陸軍伝令と区別して書いていることに気がつく。つまり、送信所の公的なニュースは伝令と公用使の二ルートがあったのである。大森大尉は法典村自警団殺人事件の予審調書では「二日避難者の話によれば朝鮮人が爆弾を投げ警視庁三越等を焼き宮城も犯されたという話であったので同日午後七時に全国へ送信して知らせ一日東京へ出した使で三人が前後して帰り、海軍陸軍内務大蔵各省の救助電報外務省より各国に居る大使に発する電報外国人の電報等多く頼まれて来た。中には警保局長から山口福岡の両県知事にあて朝鮮人が東京で暴動を起して居るから当分朝鮮から日本に来る者は差止めよというらしき意味のものがあったのでこれ等の緊急信を発信」したとのべているが、この「使」が公用使である。公用使は、第一回が一日午後四時出発二日午後三時帰着、第二回は一日午後六時出発二日午後三時帰着、第三回が二日午前七時一五分出発同日午後二時二五分帰着となっている。

第三回公用使の所要時間が往復わずか七時間余でもっとも短いのはとくに自転車に熟練した者がえらばれたためであろうが、これはこの際どうでもよい。しかし、大森大尉が鮮人への敵愾心をたかめた公用使持参の電文が、この三人のどの一人によって持ち帰られたのか、このことの推定は〃朝鮮人暴動〃が政府部内で重大問題となった時間の割出しに決定的な意味をもつであろう。

第一回第二回の公用使は往復二一〜二三時間、すなわち片道一〇時間前後かかっている。往路復路に等分すれば、それぞれ二日早暁三〜五時頃には着いたことになる。また第三回公用使であれば、二日午前一一時前後である。しかし、このような往路復路を等分にする単純計算が通用するような交通事情ではなかったし、また公用使が電文受領のため待機させられていたかも知れない。問題の電文を三人とももってきたかも知れないし、第三回公用使がもってきたかも知れない。したがってこの追及はあまり意味がない。

角田ら陸軍伝騎の行動まで含めて最も確率の高い範囲でわかったことは、二日午前中、それも第三回公用使の所要時間を等分して公用使が海軍省に着いたと思われる一一時以前に、内務大臣官邸で起草されたということになる。

電文は周知のように各県知事から朝鮮、台湾総督までを含み、後藤警保局長の署名があるが、後藤個人のものではないはずである。とすれば、当然宛先、文意などに関し関係者の会議があり、情報交換があったとみなければならない。緊急時であったからそれほど長い時間は必要としなかったかも知れないが五分や一〇分ということはないだろう。

二日午前八時頃にあった閣議とその後の摂政の戒厳令裁可の問題を併せ考えると、二日早朝に起草した可能性が強いといえよう。しかも、二日午前一〇時頃急激に拡大した「昨日来ノ火災ノ多クハ不逞鮮人ノ放火又ハ爆弾ノ投擲ニ依ルモノナリ」の流言と角田のもたらした電文をもういちどみてほしい。その内容がいかにも似ており、同一の根源をおもわすものがある。

また電文は「既ニ東京府下ニハ一部戒厳令ヲ施行シタ」とある。二日の早朝を基準にして「既ニ」という過去形で戒厳令布告を記していることは、さきにのべてきた戒厳令公布の決断がはるか以前ということを意味するものであろう。

流言、全国に拡大

こうして朝鮮人の放火、投毒、強盗、集団進撃の流言は、一日夜半から二日にわたり東京、横浜全域に拡大し、さらに隣接の各県にも浸透し、関東一円から全国に伝播した。朝鮮人流言の伝播範囲の広大さ、速度の迅速性、民心の関心の強さはいかにも異常であり、それだけでも権力の組織的宣伝があったと思われる。

「鮮人約三千名既ニ多摩川ヲ渉リテ洗足村及ビ中延付近ニ来襲シ今ヤ住民ト闘争中ナリ（二日午

後二時）

大塚火薬庫襲撃ノ目的ヲ有スル鮮人ハ今ヤ将ニ其付近ニ密集セントス（二日午後四時頃）

鮮人等ハ予テヨリ或ル機会ニ乗ジテ暴動ヲ起スノ計画アリシガ震火災ノ突発ニ鑑ミ予定ノ行動ヲ変ジ夙ニ其用意セル爆弾及ビ劇薬ヲ流用シテ帝都ノ全滅ヲ期セントス　井水ヲ飲ミ菓子ヲ食スルハ危険ナリ（二日午後六時頃）

兵士約三十名鮮人暴動鎮圧ノ為月島ニ赴ケリ（三日午前十時）」　（警視庁『大正大震火災誌』）

引用は伝播力の激甚であった二日午後の流言のなかからとったものである。具体的地名、襲撃目標、人員、手段に火薬庫、武器庫などをえらびいかにもありそうなよそおいをこらし可信性を強めている点に特色があった。

流言のなかには、集団の避難民をみて朝鮮人来襲としたりしたのもあるが、のちにふれるように現実に警官や戒厳軍隊が朝鮮人来襲や放火の実否確認に軍事行動を展開したのを目撃したことから発したのもまた多い。まったく無根のものではなかった。さきに引用した軍事司法事務参考資料では「軍人軍隊の間区の伝達及び軍隊の配備による地方民の錯誤的解釈に因るもの」があったことを認めている。この事実は否定されないまま、さらに大きな流言として全国に伝達されたのである。こころみに当時の地方紙にこれがいかにとりあげられたかを紹介しておこう。浅草千東町からの避難民である清水正は、「軍隊が大森とか品川とかに機関銃を据え付けて之を迎え打ったとかの話を聞いた。川崎で軍隊との間には激戦があったとか芝浦の埋立地で警官隊が彼らの自動車を破壊して之を防ぎ宮城に向う彼等を軍隊が銃剣で追いまくったとか色々の噂があった」(「河北新報」)とのべているが、決して無根の流言ではなかったのである。

「麻布連隊一箇小隊は横浜方面より隊伍を組み進行して来た四百人の鮮人と衝突し激戦の結果少数にて全滅し依って更に一箇小隊を派遣したが其の後の状況不明」(「伊予新聞」)「鮮人二千御殿場襲撃　四十九連隊中途に邀撃す」(「樺太夕刊」)など軍事力介入の流言は全国に及び、日本列島を排外心のるつぼにしていった。

災害からのがれた人びとが帰郷した目撃談やら伝聞した話などを、朝鮮人のかずかずの「非行」にしたてあげ、それが媒介となって、また、あらたな流言をつくったことも考えられよう。

だが、交通、通信がすべて杜絶し、人びとが眼前の災害のほか、他に情報を入手できなかったとき、このような急速な流言の拡大は官憲の組織的伝播を考えずには不可能といわねばならない。

内相後藤新平は、いみじくも次のように言っている。「流言蜚語、其ものは少しも害にならなかったものを伝播したのではなくして、此注意は当時にあって、甚だ必要なるものでありしと云うことも疑なきことであります」(『関東大震災と朝鮮人』)

Ⅳ 軍隊の出動

軍隊に逮捕された朝鮮人

朝鮮人殺しの犯人

朝鮮人暴動の流言が日本史に慚愧の一章をつけ加えたことは何人も否定できぬ事実である。しかし、いまわしい虐殺事件の真相はいまだかくされている部分が多い。単なる殺人事件を例にとっても、被害者、加害者を含めた関係者の氏名、年齢、住所、原籍、殺害場所、凶器の種類、遺体の処理、殺害の動機などが究明され、事実にもとづき加害者に応報の刑罰が宣告されて完結するといわれるが、この事件はどの一つをとっても一件落着とはいえないのである。

ここでは、なぜそうなったのか、もっとも重要な加害者はだれなのか、官憲か、一般市民か、両者は共同正犯か、主犯従犯の関係にあるのか問題にしてみよう。

政府や各自治体刊行の厖大な資料に共通なことは、大和魂を発揮したのは民間団体、自警団の偏狭な所為である、官憲は自警団の暴力から極力朝鮮人を保護救済したことを強調し、例外なしに官憲の犯罪と責任を回避していることである。官憲がその犯罪と責任らしきものを記したのは、さきに紹介した極秘部内資料司法省調査書の第十章「軍隊ノ行為ニ就テ」の項目の次の記録だけである。すなわち、

「変災後警備ノ任ニ膺レル軍隊ニシテ鮮人其他ヲ殺傷シタリトノ風評ナキニ非ズ、殊ニ江東方面ニ於テハ軍隊ニ於テ殺傷ノ行為ヲ逞ウシタルガ為民衆之ニ倣イテ殺傷ヲ敢テスルトノ巷説アリ」

として数件の軍隊の殺人行為をあげているが、風評、巷説とあいまいにしたのは疑問形にしてのちに事実を否定する作文上の術策であるが、調査の対象となったいくつかの事件は結局いずれも衛戍勤務令により、なぶり殺しを正当化している。しかし、正当化を認めるために、この例をわざわざもちだしたわけではない。

官憲の正当化の論理がいかに荒唐無稽かつ厚顔無恥な強弁であることか、そのだれの目にも明確な、居直りのうちにかくされた真実を指摘したいからである。同調査書から一つだけ例をあげておこう。

「騎兵第十五連隊坂本軍曹は兵卒八名を率い南葛飾郡瑞江村人夫供給業某方に居住する不逞鮮人五名の受取方を同村自警団より依頼せられたるに依り、之を旅団司令部に引渡す目的にて下江戸川橋北詰の下士哨前に前記五名の鮮人を差し置き、同日午後五時三十分頃坂本軍曹が取調べんとせしも、同人等は突然小石又は棍棒を以て暴行を為し、危険極りなかりしを以て同軍曹は騎兵卒山口嘉重、同高橋保治に命じ鮮人五名を射殺せしめたり

備考一、死体は河中に墜落流失せり

二、今井橋は下江戸川橋の俗称あり

処置の当否、軍隊の処置は衛戍勤務令第十二条第一項第一号に依り適当と認む」との記録がある。ほかの数件も連行中または取調中、棍棒、石、マキなどで抵抗したので射殺したと事件の起

承転結は類似しておりほとんど例外はない。

取調べをする以前から「不逞鮮人」の烙印をおしているのも奇怪であるが、「第一に抵抗したかどうかも、きわめて疑わしい。一歩ゆずって抵抗したとしても、殺されかねぬと思って自衛上抵抗するのは自然の成行である。それが射殺しなければならぬ程度のものであったとは受けとり難い。一方は完全武装の兵士であり、他方は徒手空拳の捕虜ではないか」（松尾尊兊「思想」四七一号）との指摘もあるが、重要なのは「不逞鮮人」なら殺してもよいという前提がよみとれることである。

「不逞鮮人」とは日本官憲の好んで用いる常套句であるが、「不逞鮮人」とはいったいなんなのか、日本権力に反対する画布としての意味はあるかも知れないが刑法上の犯罪者であるわけはないだろうし、不快、憎悪の対象であってもむやみに殺してよい道理はない。露呈しているのは異境にさすろう亡国の民の痛ましき人権である。文意から嫌疑をうけるべきは勝手に逮捕し、打擲し、殺害した坂本軍曹たちではないか。さらによく読めば、白を黒といっていることが明白ではないか。朝鮮人の生命はかように軽かったのである。官憲の権力犯罪なのは明白である。

秘密文書が国会の政府答弁、外国への釈明の下敷にするためつくられたことを考えると、とりあげられた坂本軍曹の件は一分の理でも理由をつけることが可能であった。いわば多くの事件のなかで選別するに足る「優良銘柄」であった。ところが、選別した有利なもので、この程度の説明しかできないのである。したがって、発表した事件以外は軍隊も警察もまったく無関係といわざるをえないわけである。当局がいささかでも疑わしきはもちろん、大多数の事件は問答無用、永久に真相を葬り去るべく処理したことは、のちにふれる「鮮人問題に関する協定」や自警団員への責任転嫁をもちだすまでもない。

官憲犯罪の実態

だが、もっとも卑劣な官憲犯罪を免罪にするわけにはいかない。なんとしても、下手人はさがしださねばならない。以下、人殺しがどこでどうして始まったのか、官憲の演じた主導的役割を検討しながら悲劇の真相にちかづいてみよう。

さきに曺仁承氏らの体験談から一日夜半に一部軍隊の出動をみたこと、局部的に朝鮮人狩りがはじまったことをのべたが、軍隊が出動するにのぞんで、戒厳執行、またはそれに近い臨戦警戒を命ぜられた可能性はいよいよ強い。くり返しのべるが、この場合、二日午前中摂政によって裁可された戒厳令は法的な確認であって戒厳令の施行は先行していたと考えるべきである。こうした考えを支持する資料として、さきに一日午後一〇時、東京市内屯営の部隊が、武装待機していたことをあきらかにしたが、より具体的かつ明確な資料が最近公表された。習志野騎兵第一五連隊の一兵卒の手記であるが、関連部分だけ抜きとると、

「一日の夜に東京、横浜方面が火の海になっているのがよく見えた。夜中の十二時頃非常召集がかけられ実弾三十発ずつもたされ出動、本八幡から今井橋にむかった」(「田島完一の証言」今井清一他『関東大震災と朝鮮人虐殺』)とある。また市川屯営の第一師団、野戦重砲兵第一連隊所属の一兵士が九月二日「午前二時頃、ただちに作業衣にて乾めんぱん二食分携行、乗馬にて小松川まで、そこにて下馬し、半数の兵は騎馬にて中隊に引返す」と記し、その日時の「欄外に〔戒厳令布告さる〕の書込あり」(今井清一他、前掲書)という日記がある。

これらの資料に共通なことは、一日深夜あわただしく武装召集をうけていることである。警戒救護の召集ならば、実弾支給の措置はとられなかったであろう。出動時間の差は、近くの部隊から動員した陸軍省の召致命令の到達時間を反映したものであろうが、少なくとも二日午前二時に出動した部隊は戒厳令の認識をもって営門をでたと考えて誤りはない。

召集をうけた部隊が、なるべく多くの糧秣と実弾を携え戒厳出動したからには、演習に行くと思った兵士はいないだろう。戒厳地域への出動が戦場に赴くと同義であることは軍隊生活の常識である。

指揮官は内乱の発生を想定したろうし、朝鮮人を侮蔑すべき敵として意識したことは次の引用からもあきらかである。

「間島事件の時なども一方ならぬ苦心を嘗めたと云う戒厳司令部の一将校は語った。『私等の方には職業柄種々の証拠を握って居る、第一僕の家へ放火したなどは明らかに鮮人の所為だ、然し独立なんて、そんな男らしい考のある奴は一人も居ない。皆私欲の為めに悪い事を働くのだ』云々」（東京市役所・萬朝報共編『十一時五十八分』）

植民地戦争に参加し弾圧の使命感に酔った軍人が、いかにも矮小化した偏見のとりこになって、いまにも牙をむいておそいかかろうとする心算を露呈していることばでないか。

「敵は帝都にあり」

第一師団はのちに戒厳出兵の経験を教訓的に総括した文書のなかで、「偶々戒厳令布告を耳にし、憲法第十条（第十四条）の戒厳の宣告ありたりと思惟し」「震災直後に於ける軍隊は所謂真の戒厳なりと信じて初め任務に就き」「戒厳令中の第九条第十四条の規定の適用」（『関東大震災と朝鮮人』）であるのを知ったのは、混乱も一定程度おさまった九月四、五日頃のことであるとしている。

また、当時の警視庁の警視田辺保皓も「特に疾風迅雷的に喧伝された鮮人襲来、暴行の流言蜚語の出発前又は輸送途中に於て伝聞した警備部隊が期せずして事変に依る通常の戒厳と誤解した者があった様である」（神奈川県警察部『大正大震火災誌』）と軍隊に錯覚のあったことを証言している。

以上のことから当初に出動した東京およびその近郊屯営の各部隊が、戒厳による臨戦地域に殺到し、索敵撃滅を任務として展開したことは十分考えられるだろう。軍隊の第一の出動目的は各地に蜂起した「不逞鮮人」の討伐にあったのである。

戒厳軍隊の出動を的確に描写したものに、当時習志野騎兵連隊の兵士であった越中谷利一氏の『関東大震災の思い出』がある。

同氏は、「敵は帝都にあり」というわけで、「実弾と銃剣をふるって侵入したのであるから仲々すさまじかった」と前置きして、「ぼくがいた習志野騎兵連隊が出動したのは九月二日の時刻にして正午少し前頃であったろうか、とにかく恐ろしく急であった。人馬の戦時武装を整えて営門に整列するまでに所用時間は僅かに三十分しか与えられなかった。二日分の糧食および馬糧予備蹄鉄まで携行、実弾は六十発、将校は自宅から取り寄せた真刀で指揮号令をしたのであるから、さながら戦争気分、そして何が何やら分らぬままに疾風のように兵営を後にして千葉街道を一路砂塵をあげてぶっ続けに飛ばしたのである。亀戸に到着したのは午後二時頃だったが、罹災民でハンランする洪水のようであった。連隊は行動の手始めとして先ず列車改めというのをやった。将校は抜剣して列車の内外を調べ回った。どの列車も超満員で機関車に積まれてある石炭の口まで蠅のように群がりたかっていたが、その中にまじっている朝鮮人はみなひきずり下ろされた。そして直ちに白刃と銃剣の下に次々と倒れていった。日本人避難民の中からは嵐のように湧き起る万才歓呼の声、国賊朝鮮人はみな殺しにしろ、ぼくたちの連隊はこれを劈頭の血祭りにして、その日の夕方から夜にかけて本格的な朝鮮人狩りをやりだした」と回想している。

越中谷氏には、事件を忠実に描いたその意味で、朝鮮人虐殺についての日本文学の証言の一つとして評価されている「一兵卒の震災手記」や「戒厳令と兵卒」その他の作品があり、証言の資料的価値は高い。

戒厳令下の兵隊はたんに軍規にしたがう兵士であるばかりでなく、また容赦なき偏見の護持者であった。軍隊が武勇の片鱗を発揮しながら出動した光景を目撃した福島善太郎氏は痛恨の思いで次のように回想している。

「二日の昼さがり私は市川の町へはいる十町余り手前の田圃道を途中で配給された玄米の握り飯で腹をこしらえて歩いていました。ついぞ見たこともない大型の陸軍飛行機が幾度ともなく炎熱の空を飛んで行きました。鴻ノ台騎兵隊が幾組となく避難民の列を引き裂いて砂塵を上げて駆け走ってゆくのでした。

朝鮮人を兵隊が叩き殺しているぞ、今迄引きずるように歩いていた避難民の群衆が勢よく走りだしました。つい私もつりこまれて走っていました。そして一町近く走ったとき、群衆の頭越しの左側の田圃の中で恐ろしい惨虐の事実をはっきり見たのです。粗い絣の単衣を着た者、色の燻んだ菜葉服を着た者達が七人後ろ手に縛りつけられて、しかも数珠つなぎになって打っ倒されていたのです。彼等はたしかに朝鮮人だったのです。何か判らない言葉で蒼白になって早口に叫んでいました。『ほざくな野郎』突然一人の兵隊が銃剣の台尻を振りかぶったと見るや一番端で矢鱈にもがいていた男の頭の上にはっしと打ち降ろしました。『あっ』さすがに群衆に声はなかったのです。そして一様に顔をそむけました。やがて恐る恐る視線を向けたときには頭蓋骨はくだかれ鮮血があたり一面に飛び散り、手足の先をピクピクと動かしていました。『あははは、ざまあみろ』『こいつら、みんな叩き殺してしまえ』『よし来た、畜生』『やい、不逞鮮人奴、くたばりやがれ』十人余りの兵隊が一斉に銃剣や台尻を振りかぶりました。あの二日の午後二時前後、市川へ渡る橋の手前数町のところで、この事実を目撃した人たちが必ずあるにちがいない」(日朝協会豊島支部編『民族の棘』)

錯覚で出動した兵士たちが一方的に攻撃を開始し、罪なきものをうち殺した、この残虐性に慄然たらざるをえない。しかし、兵士を駆って殺人鬼たらしめた動機はそもそもなんなのか、兵士は国家のために一かどの働きをみせたつもりなのである。それにしても、殺す方は錯覚ですむが、殺される側にとっては生か死かの岐路につながる大問題をぶつけられたのである。身に覚えのない事実を誤認されて断頭台におくりこまれた悲劇にこの事件の本質がかくれているのである。

兵士の交戦実況を目撃した一般市民が朝鮮人は帝国の敵であると〝確信〟したことは想像に余りある。兵士が戦果をあげるたびに拍手万才で共感を示したものも多数いよう。流言は、こうした倒錯にうらづけられて、いっそう真実性をまし、具体性をともない、新たな流言をうみだしていった。朝鮮人の進攻、日・朝両軍の対峙などが大量の避難民の移動を媒介に電光石火、迫真的ないきおいで拡大していったのである。

戒厳司令部の動向

戒厳の方針が決定すると「三宅坂に参集した関東戒厳司令部幕僚は参謀長阿部信行を中心に椅子もなき一脚の机に裸蠟燭を立て、立ったままで先ず明治三十八年帝都焼撃事件当時の官報を引き出し当時の戒厳命令や戒厳司令官布告を手本として漸く戒厳命令を起案し」た（黒板勝美『福田大将伝』）。被災地に入った戒厳司令官は、権力の庇護者としてなにものにもまさる強い立場を確立した。「地方行政事務及ビ司法事務ノ軍事ニ関スル事件ニ限リ、其他ノ司令官ニ管掌ノ権ヲ委スルモノ」（第九条）で出版、集会の停止権はもとより、人民の退去命令権、家屋の自由立入権、郵便電報の開緘権などが戒厳司令官に与えられ、市民の基本的権利を含む自由は完全に剝奪されたが、市民の不平不満はきかれなかった。

むしろ、兵営や官庁に鳴り響く喇叭、威風堂々、えんえんと続く騎兵の行進、はためく日の丸に、市民は安堵感を覚え、蘇生の思いで国家への帰属感を充足させるものがあった。

最高権力者として君臨した戒厳司令官のもとに、警察、地方官、在郷軍人会などから、次々に一大事の出来を告げる早飛脚がとびこんできた。どの注進も「鮮人二三百名、横浜方面ヨリ神奈川県溝ノ口ニ入リ放火セル後、多摩川二子ノ渡ヲ越エ多摩河原ニ進撃中ナリ」などに類する流言であった。

二日午後の段階は不思議に朝鮮人の集団進攻説が多発しているが、さきに述べた出動軍隊の「鎮圧」措置から発生した新しい流言の面と、いま一つは次のような事情によるものが多い。一つは職業および経済的関係から朝鮮人が集団生活を営む傾向が強かったこと、いま一つは朝鮮人の大部分はうまれてこのかた地震を経験したことはなかった。地震の災害は朝鮮ではないに等しかった。そのため突然の大地震は朝鮮人には格別肝をつぶす恐怖であった。そのうえ言語、習慣、地理にくらく、日本人のような避難先もないため、身を護ること一つとってもいちじるしい難儀があった。同胞相寄り、相互扶助で生命を守ろうとしたのは当然で、どうしても集団となりやすかったのである。朝鮮人放火説を吹きこまれ、血迷った官民がこの集団をしかえしにきた徒党と錯覚したのであった。

こうして、東京近郊にいくつもの幻の内戦が勃発したのである。戒厳軍隊は朝鮮人の進攻から帝都を防衛するため邀撃体制をととのえ、急遽、流言のもたらした「敵」の所在地に進出したが、「敵」との間にどのような接触があったのであろうか、もとより戦闘日誌のたぐいはいっさいない。確認された限り、もっとも具体的に行動をよみとることのできるのは、つぎに紹介する兵士たちの功勲具状である。

「九月二日夕ニ及ンデ鮮人来襲ノ報アリ、師団命令ニ依リ歩兵第三連隊ヨリ集成一ヶ中隊ヲ之ガ鎮圧ノ為メ派遣セリ、少尉ハ田中大尉ノ指揮下尖兵長トナリ先ズ品川ニ前進シ、情況ヲ偵察シ鶴見方面ニ鮮人若干集団シアルヲ知リ、更ニ丸子ヲ経テ川崎町ニ前進中」

「九月二日夕鮮人数百名、玉川付近ヨリ大山街道ヲ東進セルトノ飛報伝ワリ、途上砲声並銃声ヲ耳ニシツツ前進シ、三軒茶屋ニ於テ同地警備中ノ輜重兵将校ヨリ鮮人三百名二子ニ集合シアルノ通報ヲ受ケ更ニ前進セリ」（『東京震災録』）

ここでは二つの例しか引用しなかったが、この他八王子、中野、渋谷、世田ヶ谷、王子、亀戸などで兵士たちの活躍を記した功勲具状が残されている。いずれも、「一部を以て停車場を警備し、主力は喊声に向って進み極力治安の維持に任ぜり、あるいは警鐘を乱打し、或は小銃を発射するものあり」とか「所在に銃声爆音乱鐘喊声交々響々の時なりしも敢て恐るる所なく」とか、「東奔西走一睡を貪らしむる能わずして天明に至る」などすばらしい功労を記している。

功勲具状という文書の性格上、誇張や修飾過多のきらいがあるかも知れないが、そうした点を考慮しても、兵士たちやその所属部隊が索敵行動を展開し、緊迫した空気のなかで戦闘態勢に入ったことはよみとることができる。一方、警察も軍隊にまかせて傍観していたわけではない。朝鮮人進攻説はもともと警察の情報網からでた流言であった。警視庁はろうばいの色を濃くしながら、「仮令事ノ真偽ハ詳ナラズトスルモ変ニ処スルノ覚悟ヲ要スルヲ以テ渋谷、品川等ノ各署ニ対シテハ、若シ不穏ノ徒アラバ、署員ヲ沿道ニ配置シテ警戒スベキヲ命ジ、愛宕署外数署ニ対シテハ署員ヲ散乱セシメズ、要所ニ集中シ」（警視庁『大正大震火災誌』）て臨機に邀撃態勢がとれるよう指令していた。

軍警一致

松尾氏は時の参謀森五六氏が、警視庁官房主事正力松太郎が腕まくりして軍の司令部を訪れ、「こうなったらやりましょう」といきまき、阿部信行参謀をして「正力は気がちがったのではないかといわしめた」と語ったことを紹介しているが、この間の警視庁と軍部の連絡は緊密そのものであって、警察の機敏な処置もそうした緊密さの反映であり、暴動説に対する軍警一致体制の確立をめざしたものであった。戒厳司令部は以後、軍隊、警察を並列して職務を執行させたが、この軍警一致の行動が、二日午後六時に発布されたとする戒厳令の実施に先行していたことに注意しておきたい。

つまり、前記の戒厳令が執行され、ただちに戒厳司令官の任務についた森山守成が発した二つの命令、すなわち軍隊に対し「万一此災害ニ乗ジ非行ヲ敢テシ治安維持ヲ紊乱スルガ如キモノアルトキハ之ヲ制シ、之ニ応ゼザルモノアルトキハ警告ヲ与エタル後、兵器ヲ用ウルコトヲ得ル」

ことおよび管下の警察に対し「鮮人中不逞の挙に次で放火其他狂暴なる行為に出づるものありて既に淀橋、大塚等に於て検挙したる向きあり、就ては此際之等鮮人に対する取締を厳重にし、警戒上違算なきを期せらるべし」(内務省『大正震災誌』)との二つの命令が、いわば前記軍警一致による先行事態の追認であったことを指摘しておきたい。

いずれにせよ、武器をとり力をあらわにした戒厳軍隊が治安回復の主動の地位にたち、警察を筆頭とする一般地方官民をその統率下におき、「暴徒鎮圧ニ任セム可キ命令」を各地域で遂行していたことは確認できるのである。朝鮮人は知らないうちに敵にされたのであった。

代議士、陸軍少将津野田是重は「私の家の付近でも、あまり騒々しいので、私は門の外へ出て見たら、武装した軍隊がいた。そして隊長らしいのが、『敵は今幡ヶ谷方面に現われた』云々と号令しているので、私はその将校を捉えて『敵とは何か』と質問したら『朝鮮人だ』と答えたので、私は更に『朝鮮人が何故敵か』と問うたら『上官の命令だから知らぬ』と答えた」(「読売新聞」大正一二年一〇月二二日)と証言している。

敵は殺さねばならぬ、敵前散開の戒厳軍隊の行動論理は明確である。「鮮人襲来」を事実と錯覚した軍隊は、警鐘を乱打し、小銃を発射し、喊声を発して、みさかいなしに朝鮮人に襲いかかったのである。まず警察の手引で、平素あきらかにされていた朝鮮人居住区や、集団避難の朝鮮人が攻撃対象となったのはさきにあげた功勲具状であきらかである。

牛のような目をむいて捜索活動する兵士たちにとって朝鮮人はすべて一色に「不逞鮮人」であった。敵をつくりだしたのは「民族」、うまれのちがいだけであった。朝鮮人とみれば「小銃ノ発射」がくり返されたし、「多少ノ争闘」が随所にあった。亀戸一帯では機関銃隊まで参加し朝鮮人を標的にしたたしかな証拠がある。戒厳軍隊の言葉をそのまま借用すれば、「果敢断行、百事神速ニ……峻厳心胆ヲ寒カラシメ」るものであったが、朝鮮人の抵抗は皆無に近かった。罪なき者はおのれが殺されることさえ知らなかったのである。

この捜索活動がどれだけの朝鮮人をまきこみ、いかに多数の朝鮮人が犠牲となったかはあきらかではない。もとより、このような不名誉な戦果を残すわけもない。しかし、軍隊の記録には不用意に「鎮圧」「掃蕩」の文字がつかわれている。埋没した犯罪痕跡を掘り起す手がかりに、この抽象文字しかないことに、もどかしさを覚えるが、完全武装の軍隊が「不逞の徒」を「鎮圧」とか「掃蕩」したという軍事用語で書きこんだその内容はどのようなものであろうか。言葉のもつ重みが殺される側にどんな増幅作用を及ぼし、悲劇の環を拡大しているのか、心の凍る思いがする。兵士たちがどんな顔をして牛蒡剣の付いた銃口をつきつけたのだろうか。その銃口に手を合せておがむ朝鮮人、涙を流して命乞いをした朝鮮人の悲しげな表情のしわの一つまでが見えなければならないだろう。

参考までに当時の新聞記事から目撃者の証言を二、三紹介しておこう。

九月三日の「河北新報」は「不逞鮮人を止むなく射殺する、各所に放火せるを認め軍隊出動して片端から」「銃殺された不逞鮮人数百人に及ぶ」と報道し、「福島民友」は「歩兵と不逞鮮人戦闘を交ゆ」「軍隊が大森とか、品川とかに機関銃を据え付けて之を迎えうった」など報道している。掃蕩作戦は実在したのである。

根拠はなお不十分であるが、「二子玉川の中洲で三四百名の包囲殲滅」「荒川堤で二百名の不逞鮮人射殺」「亀戸で四百七十名の朝鮮人行方不明」などの大量殺戮の記録は、軍隊の朝鮮人掃蕩作戦と無関係ではないだろう。

戒厳軍隊は、続々と設立される自警団と密度の濃い協力関係をうちたて、自警団員の通報、斥候の報告などにより、出兵、巡察兵による威力行進をくり返し、朝鮮人を引きずりだしては処刑した。

一兵卒奥富茂は、「警備を終えて帰隊すると休止の暇もなくこんどは桐ヶ谷、五反田地区に出動である。朝鮮人の不穏行動に対処する警備出動だと言う、私たちは夜が明けきらないうちに営庭に整列させられた、実弾を各自六十発と携帯食糧を渡された、教官の中尉は柄の長い軍刀を吊っていた、将校たちもいつもと違った緊張した態度で兵隊に命令した」（清水幾太郎編『手記関東大震災』）と回想しているが、巡察兵は誰何してこれに答えないものはただちに刺殺または銃殺した。完全に殺さなくても半殺しにして捕獲、連行した。「『剣つけますか』『〇〇〇〇』四、五名の兵士が一人の将校に指揮されてその辺を巡察していたが、兵士たちは駆け出すと同時に将校を顧みてきいた。『つけつけ』ガチャリと短い剣が光った……それから飯田町にくる迄二度程そうした騒ぎを目撃した」（志垣寛の証言『震災と教育』）

巡察兵の行状の一端である。田辺貞之助も清水幾太郎も、兵隊が「牛蒡剣についた血のりをぬぐっていた」のを目撃し、兵隊が大威張りで朝鮮人を殺すとはユメにも思っていませんでした、との感想を残している。

V 自警団の活動

警戒する自警団員たち

自警団の成立

戒厳司令部は軍事行動を独自におしすすめる一方、積極的に一般市民を組織して一定の自衛力を創設しようと画策した。すなわち、かの武勇のほまれ高い自警団設立の勧奨である。自警団を官憲は「不逞鮮人」の暴行、または流言の脅威に対処した自然発生的な民衆の自衛組織であると主張してきた。

しかし、実際は家財を焼失し、飢餓に瀕した民衆の不平不満を恐れた官憲が、民衆の排外心から原始的な復讐心を引きずりだすべく組織した団体であった。民衆の不満をすりかえ愛国心に転化して、権力への風圧をそらし、逆に権力の補完材料に利用しようとしたのが、自警団である。官憲が朝鮮人暴動などのあらゆる流言をとばし、一般市民の憤怒の感情を激発したことはくり返しのべてきたとおりであるが、憤激を朝鮮人への膺懲と防遏の両面に誘導し、体現したのが、日本刀、竹槍、斧などで武装した自警団である。

自警団成立までの過程を簡単に言及しておこう。地震直後の民衆動員は、さきの富坂署が青年団、消防団員を動員した例にみるように、既存の利用しうるてっとり早い組織として「在郷軍人会青年団」などが対象となった。戒厳司令部は「警備部隊ハ憲兵及警察官ト密ニ連絡ヲ保チ殊ニ未ダ警察権ノ復活セザル地方ニ於テハ之ニ援助ヲ怠ラザルヲ要ス尚在郷軍人会青年団等ヲ指揮シテ之ヲ利用スルコトヲ努ムベシ」(『東京震災録』)と訓示しているが、利用が警備力の補完を意味したことは訓示の前段からも判断できよう。

在郷軍人会を例にとれば、戒厳司令部から在郷軍人会会長宛に協力要請があった。すなわち、「会員のための当面の扶助と将来の救済、保護について最善の努力を講ずるであろう。従って諸士は此の意を体し、よく軍隊教育の真価を発揮し、戒厳司令官の区署に遵い出動軍隊に協力するよう」、懇篤な依頼があった。

在郷軍人といえば、郷土予備軍、軍隊とは密接不離の特有の利害関係で結ばれている団体である。要請に答えて、一臂の力を貸さんとしたのも不思議ではない。

「帝国在郷軍人会は此の一大凶変に直面し、一同猛然奮起し、平素涵養し来りし軍人精神を発揚して戦時国家に奉ずると同様なる献身的覚悟を以て」助勢、自警団設立の中核となったのである。長倉康裕が二日午後避難先で「麻布連隊区指令官の石関大佐というのがきて命令でもあるのか、なにか警備の責任をもてとでもいわれるのか、避難中の在郷軍人を集めてくれということ」を伝聞したのは軍のそうした方針を反映したものであろう。麻布新堀町を例にとれば、「町内在郷軍人の全部〔この数約六十名〕を召集して町会長は之が指揮をとる」自警団が成立している。また芝区の青年団は、警察の召致に対し、「非常呼集喇叭を吹奏し団員は団服着用の上」参集している。

在郷軍人会、青年団が、一町一区を単位とした連合体であったのは、全被災地にわたる単位組織づくりに有効であったらしく、自警団は在郷軍人青年団中心の編成が一般的であった。また在郷軍人が基本的な軍事訓練をうけていたことは自警団の団体的行動、戦闘的性格形成に大きな影響を及ぼした。しかし、自警団が市民的裾野を広げ、一般市民の積極参加をみたのには、いま一つ官憲の指示が介在していた。

もっともよく知られているのは、九月二日、埼玉県地方課長が内務省と打合せをして午後五時頃帰って同県の内務部長に報告、その情報にもとづき、内務部長が各郡役所に電話で通知し、市町村に移牒した左記の文書である。

「東京に於ける震災に乗じ暴行を為したる不逞鮮人多数が川口方面より或は本県に入り来るやも知れず、又其間過激思想を有する徒之に和し、以て彼等の目的を達成せんとする趣聞き及び漸次其毒手を揮わんとする虞有之候、就ては此際警察力微弱であるから、町村当局者は在郷軍人分会、消防手、青年団員等と一致協力して其警戒に任じ、一朝有事の場合には速かに適当の方策を講ずるよう至急相当手配相成度旨其筋の来牒により此段移牒に及び候也」(『関東大震災と朝鮮人』)

通牒が埼玉県下の全町村に移牒され、熊谷、本庄、神保原をはじめ各地に自警団員を中心とした大虐殺事件の導火線となったことは周知のことである。通牒はたまたま埼玉県の例であるが、東京・横浜でも戒厳司令部が在郷軍人会、青年団、消防団のみならず、この際「一般人ヲモ亦極力自衛ノ実ヲ発揮シテ災害ノ防止ニ努メラレンコトヲ望ム」との告諭を発して、広く国民全体の参加をうながしたのである。告諭はビラ、回覧板、ポスターとなって一般に広く伝達された。

「『これを貼って下さい』。それは謄写版にしたもので、それには『今晩小石川小学校を中心に放火掠奪を擅にせんとする不逞の徒があるから各自警戒を望む』」恐るべき警告があったり、あげくのはて「警察の調なりとて隣家より知らせの朝鮮人が白墨にて門や塀などに記しある符合なるもの左の如し、ヤヤ　殺人、㋳　爆弾、∧一　放火、仐一　井戸投毒」（会田有仲『東京大地震日記』）などの符牒あわせまでがとびだす始末であった。

在郷軍人の役割

朝鮮人放火説に疑問をもった人も鳴物入りの謄写版まで出現するからには少しは実証があると思ったにちがいない。また震災の体験者なら、次のような出来事はだれでも覚えていることである。

「二日午後九時頃五十歳位いの警官が一人で来て曰く『今朝鮮人が大挙川崎海岸から上陸して東京に向って進撃し六郷川をはさんで軍隊と対峙している。皆さんは武器を持って、これに立向って戦う用意をするように』、これだけ言って去っていった」（今井一の証言「玄海灘」第六号）

巡査が制服の在郷軍人になったり、得体の知れぬステッキをふり回す者にかわったり、川崎海岸が大森海岸、麹子の渡しや大塚、目黒の火薬庫になったりしたが、一方で不逞鮮人来襲をさわぎ回り、一方で民衆に自衛のため武器をとって闘え、不逞鮮人を討伐せよ、と呼号する官憲が右往左往したのは衆目の一致するところである。

次の一文は自警団成立の情景をなまなましく描写している。

二日午後三時―四時と覚しきころ、小石川は……観樹将軍三浦梧楼子の上富坂観樹庵の広庭、驚愕と飢えと疲れとは日ごろの見えも外聞も何のその撻とその身を叢の上、土の上に臥し横え、昏々死せる如く眠るもの、呻くもの、叫ぶもの、或ものは失いし財貨の事を話して、かえらぬ事に執着し、或ものは離散せし肉親の甲乙の身の上を気遣う……今はもう上空を廻旋せし午前の飛行機の事も夢幻の如く忘れ果てて、狂おしき許りの焦心であり、焦燥であった。併し乍ら、五尺の身を起して積極進取、自ら食をあさり歩き、とり出し得ざりし財物を持ち来り、失いし人を索める気力とては勿論有る筈は無かった。焦慮燥心は却て飢えと疲れとを強めゆく許り、やがて誰もぐったりと失望、絶望の淵に陥った如く、だんまり込んでしまう……。そうしたその時！　広庭の小高い所に立った、武装甲斐甲斐しい一在郷軍人らしい中年の男があった。突如破れ鐘のような蛮声が鮨づめの人の上にひびき渡った。その俄作りの馬糞紙のメガホーンは或る事を語った。死せる如く横わっていた人々は忽ち別人の如くすっくと立ち上った。その蒼白の顔面に凹ませて持つ瞳の輝きの如何に異様なりしよ、極度の緊張！　その時、人々の口は死人の如くこわばり黙する。

おそろしく引きしまった広庭のその時の空気！

その空気をうちふるわして、メガホーンの蛮声は尚もつづけられた。

在郷軍人は、云い終ると飛鳥の如く彼方へと駈け出していった。その後姿を瞬きもせざる注意に見送った人々は、其姿の彼方に消えると共に、漸く我にかえった様に、ホッと太息をついた。

と忽ち怒濤の如きうなりが、どっと広庭一帯に起った。――呪いと恐怖と絶望とを一度に音に表した様なそのさざめきが……。

しばらくすると、その雑音のすべてをかき消す「生命がけなる魂の絶叫」が起った。又してもざーっと魂のうなり――その雑音がひろがって来た。

町内では忽ち、在郷軍人、青年団員、町内有志の連合になる自警団が組織せられる。避難民中の壮年の男も、今までの疲れと飢えとを打ち忘れたかの如く、進んでこれに参加する。殺気は暮近き敗残の町のすみずみにみなぎり、人々の神経は針の如く鋭く作用《はたら》きだした。この世を滅亡せしめる悪魔の劫火は、東の天をあかあかと彩ってゆく。余震尚やまざる裡に、恐怖の第二夜は近づいてくるのだ。

自警団の人々は、町名しるしたる白布を右肩より左脇へ、頭は後鉢巻甲斐甲斐しく、町の入口、町内の要所要所を、水ももらさぬ堅固さに固めていった。(田淵巌『大地は壊れたり』)

一在郷軍人がなにを語ったかは省略している。しかし、文意から「不逞鮮人」が井戸に毒を入れた。綿に石油を付けて、放火した。薄暗い路地では窓に火をなげこみ、有名人の家には爆弾を投げこんだ。数百名が徒党をくみ凶器を携えて〇〇〇へ来襲した、などのデマであることは推察されよう。

一在郷軍人の報告は民衆にそのまま受容されたのである。疲れきった人びとがすっくと立ちあがり、異様な目つきで武器をとりだしたのは、民衆に流言を受けいれる素地があったからである。官憲は単なる思いつきで朝鮮人暴動を吹聴したのではない。さきにのべたように、朝鮮人暴動を吹聴することで飢餓に瀕した民衆の不満をそらしたのである。倉田百三は「自分等は嘘とは思えなかった、ありそうな事に思えるので随分面喰った」と書いている。

明治このかたの朝・日両民族間になげだされた深い亀裂は、一般市民も朝鮮人敵視という点で国民的合意が可能であったのである。時の為政者、とくに朝鮮支配と関係の深かった水野、赤池など治安グループが朝鮮人に対する排外性の効率を知らないわけはなかったろう。この文章はそうした背景が活写されている。

民衆のやり場のない怨恨はみごとに仇討、意趣返しの場をみつけたのである。内務省調査によれば、自警団は東京一五九三、神奈川六〇三、千葉三六六、埼玉三〇〇、群馬四六九、栃木一九などあわせて三六八九所に達し、被災地以外での虐殺事件をうみだしていくのである。国民的合意のもとに成立した自警団に、在郷軍人や青年団員をはじめ男という男は老幼を問わず参加した。団員の感情が恐怖から敵意へ、敵意から攻撃に至るまでの距離は遠くなかった。

町には数ヵ所、数十ヵ所の自警詰所が設置され、辻はもちろん路地の入口までかためた。一ヵ所少なくとも三名〜数十名の自警団員が常駐し、手に手に抜身の日本刀、または竹槍、木刀などの武器を携え隊伍をくみ、町を巡邏しはじめた。自警団の任務が一面において居住地域の火付盗賊改めなど、私有財産保持にあったことは否定できない。しかし、のちにふれるように、単なる夜警でなく、積極果敢な人殺し集団であったこともまた争う余地はない。

官憲の指令があった

だが民衆の自発的意志だけでは、いわゆる自警団の狂暴、かずかずの武勇伝はうまれなかったであろう。自警団をいっそう積極的に事件に深入りせしめたのは、さまざまな流言の吹聴とさらに次元の高い煽動であり、はなはだしくは武器の貸与があったからである。

次表は、官憲が自警団員に朝鮮人殺害を指令したのを聞いたとするものの証言および、武器の貸与があった地域を資料的根拠のあるものに限り一覧表にしたものである。

氏名	職業	日時	場所	伝聞内容	出典
林　英夫	震災時自警団員	九月二日	渋谷	陸軍少将が「きみら若い連中は、さあ、これをぶら下げてそのへんを警戒し、朝鮮人とみれば片っ端からたたき切ってしまえ!」と数本のドス、日本刀を指すのでした。	潮昭和46年9月号
李　相協	東亜日報記者		駒込	自警団員曰く「放って置けば悪い事をするから殺したんです」	現代史資料6関東大震災と朝鮮人
江口　渙	作家	九月七日	埼玉県栗橋より粕壁一帯	警察署、村役場、巡査派出所などの告示板に県庁名で「不逞鮮人」の蜂起の報とともに「反抗するものは敢て〈殺害〉差支えなし」との掲示がはりめぐらされていた。	大震災とファッシズム××の失敗 思想471
菊地　義郎	政治家			某々方面より鮮人襲来の惧あり男子は武装せよ、女子は避難せよ〈鮮人〉と見れば〈殺〉しても差し支えないと、ふれまわったのは何者であったか。	東京日日新聞大正12年10月23日
上杉　慎吉	東大教授法学博士			当時警察官は人民に向って〈不逞鮮人〉の検挙に積極的に助力すべく自衛自警すべきことを極力勧誘し武器の携帯を認容したのであった。而して手に余らば殺しても差支なきものと、一般をして何となく信ぜしめたのである。	国民新聞大正12年10月14日夕刊
自警団員		九月二日	三田四国町	私は三田警察署長に質問する。九月二日の夜〈鮮人〉襲来の警報を貴下の部下から受けた私どもが御注意によって自警団を組織した時「〈鮮人〉と見たらば本署につれてこい抵抗したらば〈殺〉しも差支えない」と親しく貴下からうけたまわった。	現代史資料6関東大震災と朝鮮人
中村　忠蔵		九月二日		朝鮮人がきたら殺しっちまえてんで。	民族の棘

氏名	職業	日時	場所	伝聞内容	出典
小野房子	判事夫人	九月二日	横浜	鮮人が三百人ほど火をつけに本牧へやって来たそうだから、もの言って返事をしないものは鮮人と見なして殺してよいとの達しがあった。みんな注意しろ。	横浜地方裁判所震災略記
石垣修一	判事	九月三日	横浜	税関より持ち来るは自由勝手ということになりたる故、写真器械を一つ持ち出しては如何と。又曰く、鮮人と見れば直に殺してよしとう布令が出たりと。	〃
長岡熊雄	部長判事	九月二日	横浜桜木町附近	警察部長から鮮人と見れば殺害しても差支えないという通達が出て居る。	〃
自警団員		九月二日	子安生麦	鮮人の殺害差支えなし。	大正大震災誌
寿署警察官		九月二日	横浜	鮮人殺害差支えなし。	横浜市震災誌第四冊
田中貢太郎	評論家	九月二日	大塚	御苦労さんですね、怪しい奴なら〈ころしてもかまわないゝ、しっかりやってください。今晩はこのあたりが危険ですから。	叙情日本大震災史
藤吉駿	膠州特務艦長	九月二日	大森方面	警察亦警視総監ノ意図ナリトシテ両々相共ニ此種ノ鮮人又ハ容疑者ヲ拘束シ収禁シ、終ニ切捨テヲ許スニ至ルト称セラル。	海軍省軍務局文書
内田良平	黒竜会主幹	九月二日	大崎方面	警官或は憲兵等により「鮮人二千人許り大崎方面より推寄せ来るべきにより市民は得物を以て、之れを警戒すべく斬り棄つるも可なり」	震災善後の経綸に就て

地名	団体別	日時	貸与内容	出典
横浜 久保町	自警団	九月一日	中等学校等の備品なる銃剣の類を借用。	補天石
横浜 南大田	自警団	九月一日	横浜商業学校備品十三式七十挺、十八年式五十挺、レミントン式三百挺、計四百二十挺、全部持去り。	横浜市震災誌
横浜 本牧	青年団 在郷軍人会	九月一日	本牧中学校三八式歩兵銃（属品共）百挺の備品、同地青年団在郷軍人会自衛の武器として貸与方申込、学校当局は住所を控えて貸与。	〃
横浜 根岸	囚人		解放せる囚徒にも武器を配給。	〃
横浜 鶴見	青年団	九月一日	浅野中学校三八式歩兵銃五十挺、青年会員に控えて貸与。	〃
		不明	商工実習学校用三八式銃器貸与中、十四挺回収。	〃
川崎 高津	在郷軍人会	九月二日	近衛歩兵第一連隊に使して軍銃三十挺、実弾六百発の貸与を受く。	司法省調査書
東京 牛込	在郷軍人分会	九月二日	守備隊長より六十名の補助員要求、第四中学の教練用武器を使用せしむ。	東京震災録別冊
東京 芝三田	青年団	九月二日	慶大倉庫より銃三八式三〇式二十二式各歩兵銃レカンツ銃指揮刀短銃数百挺。	吉村昭著 関東大震災
千葉 幕張	自警団	九月	騎兵隊より自警団一区に銃三丁弾丸十五発貸与。	東京日日新聞大正12年10月21日
千葉 東葛郡各町村	自警団		某連隊より実弾五発と銃砲一挺貸与。	朝日新聞 大正12年10月22日

共通しているのは、ほとんど九月二日に伝聞していること、内容は殺害差支えなし、打ち殺せ、斬り捨つるも可なり、など形容のちがいはあるが、積極的に殺人を指示また容認していることである。

殺害を指令したにとどまらない。千葉幕張「自警団一区に銃三丁弾丸十五発」の支給の例に注意してほしい。殺人道具まで貸与しているのである。むろん、自警団全部にこのような貸与があったとは考えられない。また学校訓練用の銃器が実戦の使用に耐えるかどうかも疑問である。しかし、実包を支給され、銃器の引金に手をかけた自警団員への心理的影響は大きな意味をもっているといわざるをえない。

九月二日夜から三日にかけて、つまり戒厳軍隊が軍事行動をもっとも激しく実施していた時と軌を一にして、自警団の民兵化工作がほかならぬ官憲によって行なわれたのである。

〝民兵〟の朝鮮人狩り

民兵は軍警の索敵行動にあわせて「不逞鮮人の検挙に積極的に助力すべ」くのりだしたのである。不逞鮮人がすべての災厄の元凶である、火災予防、盗難防止の夜警の実施もすべて「不逞鮮人の暴挙」からの自衛という観点である以上、朝鮮人を敵として散兵線を張る軍警への率先助勢は当然な義務となった。

自警団はまず町内の要所に関門を設け、非常線を張り、自警団ごとに通行券を発行し通行人を誰何し出入を糺した。疑わしきはきびしく訊問し、携帯品を検査した。朝鮮人の発見には、人相風体はもちろん、言語や風俗歴史のちがいが利用された。通行人にかの有名な十五円五十五銭、パピプペポの発音を強制し、君が代、どどいつ、いろは、教育勅語などを暗誦させ、識別の手段として責めたてた。ゼッペキ頭、一重マブタ、背が高い、長髪、手拭かぶりなども排他的衝動の目安となった。

自警団員は、この規準に合致するものが、哨戒線に入ったら、怪しいものとしておそいかかり、追いつめ、こづき、殴り殺した。町内の屯所では「山」「川」、「赤鉢巻」「白ダスキ」など味方を識別する約束や「来たら切らずに突くんだ、切ると間違って味方を傷つけるおそれがある」などの会話がかわされていた。町の関門には殺しあうことをまちかまえて殺気がみなぎっていた。なかには親類の子と二人で「鉄の棒で刀のようなものをこしらえて、もし来たらこれでたたき殺してやろう」とすごむ小学校五年の児童もいた。おそらく一般市民が二度とふたたびかわすことのない、おそろしい会話、人殺しが公然と語られたのである。権力の教唆煽動によるとはいえ「朝鮮人を殺してもよい」と思った民衆の心の裏面にひそむ腐臭は、植民地を支配したこととの関連抜きには解明されないだろう。

自警団殺人事件のいくつかの特徴をそろえた、目撃者の証言を引用しておこう。

「二日の朝は明けた……八時頃友人と二人で舟から上がり白髭橋へ行って見た。両側のランカンには向こう鉢巻に日本刀竹槍猟銃などを持った人びとが避難者へスルドイ目を向け『帽子を取れ』と怒鳴っている。『彼奴が怪しい』『なるほど奴の後頭部は絶壁だ』一人がわめいた……『ガギグゲゴをいってみろ』『問答無益だ、殺って仕舞え』『ヤレヤレ』一同騒然とした。白服をよごし、半焼けの帽子にあごしもをかけた左手に繃帯をしている巡査が来た。白サヤの日本刀を持った四〇年輩の遊人風の男がこの巡査に近づき、『旦那こ奴朝鮮の太い野郎です。殺ってもいいでしょう』巡査はやれともやるなともいわず、疲れ切った顔で避難民と一緒に行き過ぎた。号泣する例の男にとって返した遊人風が『それやって仕舞え』というと三、四人の与太公が竹槍でこの男の腹を突いたが、手がすべって与太公は橋のらんかんにいやというほど顔をぶっつけた。白サヤの日本刀氏がへっぺり腰で男のみけんに切りつけた……半殺しのこの男を二、三人の若者が隅田川へ投げ込んだ。付近の自警団員が声をそろえて『万才万才』と叫んでいる。夜半から不思議な万才万才という声の正体がやっと判った。万才の声から推して二、三〇人の人びとが虐殺されてたのだろう……四ツ木橋の近く自警団や野次馬が口々に『こいつが毒を投げたんだ』と叫びながら身体をぐるぐるに縛られた中年の朝鮮の女が、手足をおさえてあおむけにしてトラックで轢いた。まだ手や足がピクピク動いていると『おいまだピクピク動いている、もう一度』といってトラックで轢殺した」（和知正孝の証言『民族の棘』）

自警団は文字通り、守備範囲の守りを固める一方、戒厳司令部から捜索、斥候、巡察兵、騎馬隊の示威行進がくり返されるたびに半鐘を鳴らし、伝令となり篝火をたき、松明を走らせ、いやがうえにも凄惨と殺気をあおり、人びとを激しい怒りに駆りたてた。怒りの旋風は朝鮮人にふりかかってきた。

銃器の貸与をうけ、「村の旦那からは酒をふるまって貰いながら一匹も×さなかったとあっては誠に申訳ない」と思う者は、軍隊にさきがけて朝鮮人狩りに狂奔した。非常線を張り、呼笛を吹きならし、一人が騒げば他はこれに雷同し、騒然たること「元亀天正の乱世を再現した有様」といわれた。物音がした、物影を見た、といっては、集団で縁の下からくさむら、川の中まで血まなこでさがし回った。それ、あっちに逃げた、こっちにかくれたとうさぎ狩りでもするように追いかけ回してはぶち殺し、凱歌をあげた。さきの和知正孝の証言にあるように万才が勝鬨であった。万才を叫んで、権力への帰一感を表明したのであった。

ある小学生は次のような光景を目撃している。

「時計を見ると時計はちょうど二時を指していた。突然『〇〇人だ』、つづいて『助けてっ』と叫び声が聞えた。一時にどやどやと自警団員がとびこんで来た。『何処に何処に』とさわいでいたが、兵隊が来て剣つきでガサガサと草の中をかきまわしていたが、やがて『いたぞ』、ぐさっとささった音がしたと思うと『しまった猫だった』と言った」(東京市学務課、前掲書)

剣付鉄砲の軍人と竹槍日本刀の民兵、共同の切捨てごめんを地でいった、凄惨な笑えぬ喜劇の一場である。

この目撃談に類した殺人の証言カードは、被災地のどこにでもあてはめることができるほど多数が準備されている。

「いわゆる本土において民族的規模で〃敵〃と闘ったのは唯一関東大震災における鮮人狩りだけであろう」（山本すみ子「『内鮮』融和作文にみる排外主義」『教育労働研究』三）とはまさに至言である。

被害が激甚だったわりに軍隊の到着が遅れた横浜では、解放囚人にまで銃器を与え「朝鮮人」殺害を代行させたのであった。白人保安官と犯罪者が共同でインディアン撲滅の銃撃戦を展開し、一種の友情と連帯感を芽生えさせるアメリカ西部劇のシーンを思い起す人もいるだろう。「多くの朝鮮人狩りに功績のあった囚人たちが〃ご囚人さま〃と呼ばれ、感謝される幕間劇までついた」そうである。

〃天下晴れての人殺し〃とよくいわれるが、自警団員を殺人鬼にしたてたのは、まったく官憲の責任であったのである。

九月二日夜半から三日にかけて朝鮮人に安全な場所はなかった。官民一致の殺人の大饗宴のまえに鴻毛より軽い生命の保証を求めて、水中に数日も身をかくしたもの、縁の下で飢寒に耐えたものが、かろうじていのちをながらえた。寝るに家なく、喰うに食なき無防禦な罪なき少数者の生命をうまれのちがいだけを理由に、多数の武器と力が奪いさったのである。

自警団の殺し方

自警団の殺人は、人殺しをしたというだけの簡単なものではない、殺害にも方法があり、種類がある。誤って射殺されたものもあれば、故意になぶり殺しされたものもある。同じ殺害でも、殺害の手段、方法によって、その意味する内容はことなるのである。

自警団の殺害方法はどうだったのか、鳶口、針金、拳銃、日本刀、竹槍の武器はどう使われたのか。

臨場した目撃者の談話などから、いくつかの特徴を素描しておこう。

もっとも衝撃的なのは、「薪でおこした火の上に四人か五人の男の人が朝鮮人の手と足が大の字になるように、動かないようにもって下から燃やしているんですよ。火あぶりですよね。焼かれると皮ふが茶かっ色になるんです。だから焼かれている朝鮮の人は悲鳴をあげるんですが、もう弱っている悲鳴でした。そして、殺した朝鮮の人が次々に川に放りこまれているのです」(篠原京子の証言『民族の棘』)というような、鬼気せまる、生きながらの火葬を目撃した証言が意外に多いのである。東京、横浜で数件、鎌倉で一件の目撃談を確認しているが、〝放火〟のしかえしのつもりか、火力がてっとり早い殺害手段であったのか、理解しがたい異常心理といわざるをえない。

いちばん普遍的にみられたのは集団的処刑の風景である。この場合、鳶口をふりおろすなど、だれかがきっかけをつくると、みんながおそいかかる群集心理が作用した。衝動的な付和雷同性とでもいおうか、竹槍、日本刀、鳶口など思い思いの武器が、被害者の頭をこづく、耳を切る、目に突きたてる、一寸きざみ、五分だめしに殺害を分担した。

甚だしいのは、ノコギリを曳きたて、一人一曳に地獄送りしたのもあったという。ひとたち、ひと突きに怨念、意趣ばらしがこめられたものであろうか。殺害を分担することで、残虐を感ずることなしに殺害をくり返したのである。

朝鮮人を電柱などに針金で縛り、「不逞鮮人なり」なぐるなり、けるなりどうぞと書いた立札を貼り、棍棒をおいて通行人の殴殺にまかせたなどはそうした例であろう。

平山秀雄は次のような状景を目撃している。「御徒町の四ツ角へ来ると筋骨逞しい大きな鮮人が息も絶え絶えに打仆れて居ます。見れば眼玉は飛び出て口から血が流れ、そこら一体傷だらけになって居る上を大勢の者が寄って石を投げつけたり棒で打ったりして居る」（『大正癸亥大震災の思い出』）が、だれ一人、まだ命あるこの者を救おうとしなかったのである。依怙地にとがった憎悪の魔性をみせつけられる反面、罪の意識が群衆の雑踏にまぎれて霧散していることを知ることができる。この点、自警団員の「装備は貧弱であり、朝鮮人・中国人にたいする基本的態度は

『同行』であった」（今井清一他『関東大震災と朝鮮人虐殺』）という見解は事実に反するし、同意しかねる。貧弱であったからこそ、その殺し方はいっそうむごたらしく息の根をとめるまで多数の人間がかかわりあったのである。

死体に対する名状しがたい凌辱も、また、忘れてはならない。とくに女性に対するぼうとくは筆紙に尽しがたい。「いかに逆上したとはいえこんなことまでしなくてもよかろうに」「日本人であることをあのときほど恥辱に感じたことはない」との感想を残した目撃者がいることだけ紹介しておこう。

Ⅵ　朝鮮人総検束

強制労働につく朝鮮人

戒厳本来の任務

初動の索敵作戦を展開しているうちに戒厳司令部は流言が事実とちがうのではないか、との疑問をいだきだした。

斥候兵、巡察兵、警察、自警団などのもたらす、あらゆる情報に戒厳司令部は出兵してその真偽をたしかめ遺漏なきを期した。ふんどしをしめなおして、「不逞鮮人」を鎮圧しようと、軍靴の重い跫音が、被災地をかけめぐったことはすでに詳述したとおりである。

だが、流言には根拠がなかった。放火や進攻する不逞鮮人の集団を軍隊はなに一つ確認できなかった。ふりあげたこぶしは対象を失っていた。

作戦は手ごたえのない攻撃であったし、反撃のない闘いの連続であった。銃剣や日本刀につきだされてくるのは放火犯人でなく、無辜の「良民」たちであった。戒厳司令部は当然、流言の内容に疑問をはさまざるをえなかった。おかしいぞの疑問から実力行使が勇み足であることを知るまで多くの情報は必要としなかった。

こうしたことから、戒厳司令部は朝鮮人暴動への緊急対策から治安全体の確保を焦眉の問題としてとりだしてきた。ほっと安堵の胸をなでおろしたゆとりが、より総合的な戒厳本来の任務に重点をおきかえたのである。

九月三日（定例会議は午前九時から）臨時震災救護事務局の会議が、一般市民、要視察人、朝鮮人、自警団、出版言論、通信交通など治安問題の根底にふれる諸問題への戒厳執行要領を決定したのはその反映であった。すなわち、宮城はじめ重要官公衙の警備をいっそう厳重にし、罹災民の集団避難地に配兵を敢行、周密な警備を行なったことはいうまでもないが、重要なことは、東京の周辺ならびに市内枢要の場所に検問所を設け、交通を扼し、市民の往来を選別したこと、また自警団を官憲の統制下におき、その任務を制限しようとしたことであった。これらはのちにふれる朝鮮人および危険人物対策への一定の変化を反映したものであった。

また、電信電話など通信機関をその独占下におき、新聞など宣伝機関の統制を強めた。とくに新聞は流言蜚語の取締りを口実に官憲への批判を禁ずる点に目的があった。この他、海軍力を動員し、物資供給の場をおさえた。水源池、井戸に警備員を派し、水を管掌した。地方有力民家に宿舎の提供を要求し、市民の日常生活の場にまで介入を強めたが、どの一つをとっても的確な戒厳体制の完成を志向したものであった。

地方駐屯師団の続々の入京、警察力の機敏な回復は体制の完璧化を促進したが、こうした警備力の自信の増大は、朝鮮人対策の一定の軌道修正となってあらわれた。前記、九月三日の決定事項の第四、「朝鮮人にして容疑の点なき者に対して、之を保護する方針を採り、成るべく適当の場所に集合避難せしめ、苟くも容疑の点ある鮮人は悉く之を警察又は憲兵に引渡し適当処分すること」。第五、「要視察人、危険なる朝鮮人其他危険人物の取締に就ては警察官及憲兵に於て充分なる視察警戒を行うこと尚一般民衆の取締の際理由なくして拳銃等所持携帯せる者を発見したる時は一応之を危険人物として取扱うこと」が具体的にあげられよう。

「容疑なき朝鮮人は之を保護する」「危険なる朝鮮人は」「適当処分する」ことを骨子としたあらたな方針は、二日から三日にかけての軍事行動の総括から得たものであり、すでにのべた無差別敵視政策からの転換を意味した。

前記決定をうけて、戒厳司令部は同日、次のような一般国民宛の訓示を発表した。すなわち、「不逞鮮人ニ就テハ三々伍々群ヲナシテ放火ヲ遂行又ハ未遂ノ事実ハナキニアラザルモ既ニ軍隊ノ警備力完成ニ近ヅキツツアレバ最早決シテ恐レル所ハナイ数百数千ノ不逞鮮人ガ襲撃シ来ルナド動モスレバ出所不明ノ無頼ノ流言蜚語ニ迷ワサレ徒ニ軽挙妄動ヲナスガ如キハ今後大ニ考慮スルコト肝要デアロウ」

訓話は一面で「不逞鮮人妄動」が実在したことを公認し、官憲のとった行動（虐殺）を是認する反面、流言にふり回された徒労に苦渋をかみしめたものになっている。

第一師団長の九月三日午後四時、「隷下各団体に対する訓示」はさらに明確である。

朝鮮人が「計画的ニ不逞ノ行為ヲナサントスルガ如キ形勢ヲ認メズ、鮮人ハ必ズシモ不逞者ノミニアラズ之ヲ悪用セントスル日本人アルヲ忘ルベカラズ宜シク此両者ヲ判断シ適宜ノ指導ヲ必要トス」と朝鮮人対策の転換とだきあわせに社会主義者に鉾先をむける伏線を張った。

しかし、重要なことは、ここで迫害が停止されたわけではないことである。訓話、訓示の文脈からも一面肯定、一面否定の微温性を発見するだろうが、要するに朝鮮人を「不逞」と「良民」の両者に区分して処置すべくのりだしたのである。民族のちがいが街頭での死刑場送り条件であった段階とはちがったものになったことはあきらかであろう。

「不逞」か「良民」かの選別

だが、いやしくも官憲の所為であるからには「不逞」か「良民」かの判別は十五円五十五銭の発音を規準にするわけにはいかない。一定の捜査訊問を経る必要があった。そのためには、朝鮮人の総員を検束しなければならない。自由の拘束により、なお残るであろう一部不逞鮮人捜索の徹底的続行をめざしたのであった。軍警による朝鮮人狩りはこうしてはじまったのである。戒厳軍隊は焼跡には歩兵を、焼残地には騎兵を配置し、検問所を設けた、とさきにのべたが、検問所は、特別要視察人、労働要視察人その他容疑人物が異常の社会状況を利用し被災地に出入りし、宣伝活動する余地を封じるためもあったが、それよりは、依然として朝鮮人を捜索逮捕する関所の意味が強かった。掃蕩作戦をまぬがれて、おちのびる朝鮮人は騎哨、下士哨、自警団の検問所によっていたるところで捉えられていたのである。また、戒厳軍隊はくもの巣のように糸を張って待ちうけた検束とは別に、「兵力ノ集結使用ヲ避ケ小部隊毎ニ分散シ且ツ巡邏兵ノ適切ナ使用ニ依リ軍ノ威力ヲ速ニ且ツ普ク全市ニ及ボシテ不良分子ヲ威圧」する作戦をとりつつ、朝鮮人の虱潰しのかりこみをはじめた。典型的な例として、近衛第三連隊の九月三日の行動日誌を紹介しよう。

一、不逞鮮人を捜索し、良鮮人を保護する為め警察と連絡し捜査地区を左の如く命ず

一、歩教連

高田馬場停車場、柳町、新見付以北

二、一中隊

右線以南四谷見付、新宿以北

三、一中隊

赤坂見付、四谷見付、九段、三宅坂を連ぬる線内

四、一中隊

桜田門、三宅坂、赤坂見付、青山御所、麻布三河台町、霊南坂を連ぬる線内

歩兵第三連隊がどれだけの朝鮮人を検束したかはわからないが、同様の捜索活動を行なった連隊の戦果の一端を次に紹介しておこう。

近衛師団輜重兵大隊　一、鮮人八名を捕え警察署に渡す（九月二日）
歩兵第二連隊　一、鮮人を保護せしもの左の如し
　　上野五〇　三河島七〇〇　千住二〇〇
　一、支那人を保護せしもの左の如し
　　上野五
騎兵連隊　一、不逞鮮人二名を監禁す。早稲田長白寮及戸山原踏切土工部屋に監視員を出す。
　鮮人十二名を保護す
砲兵連隊　一、第一第二中隊にて内鮮人各百名を捕う
鉄道第一連隊　一、不逞鮮人の捜索を実施し午後五時頃終了、憲兵、警察に引渡した鮮人約
　百名に及ぶ
歩兵学校教導連隊　担任区域内の不逞鮮人を捜索し併せて良鮮人の保護を加うるに努め、憲
　兵、警察に引渡せし鮮人約百名
陸軍省に出せる部隊は午前一時東京経理部付近にて放火犯未遂者一を捕え、憲兵に引渡せり

引用には「不逞鮮人」の烙印をおしたもの、「良鮮人」としたもの、「保護」したもの、「逮捕」したもの、雑多な言葉が使用されているが、これは決して一様に「平和的」に検束したものでな

いことを意味した。
軍隊の捜索行動のみに言及したが、捜索活動が戒厳司令部の方針である以上、警察も自警団も共同歩調をとったことはいうまでもない。さきの引用にも「警察ト連絡シ」とあったことを思いだしていただきたい。こういった捜索活動は軍隊より日常的接触のあった警察や自警団のほうが効率がよいのは当然である。

「不逞鮮人検挙家宅捜索は元来憲兵警察の職権に属し、軍隊はその権限を有せざるものとす、実際は宜しく憲兵警官と密に連絡し機に応じ速に之を援助しうることに努めざるべからず」とあるように、むしろ警察のほうが主体であって、勝手知った特高内鮮係の刑事たちが先導したことはいうまでもない。

「一面に於ては悪徳学生及平常より注意を要したる青年を二日より三日に渡り主として淀橋巣鴨其他各署と協力し之が検束を開始し、四日五日頃までには約四千名を検束した」(「自警」第五一号)という記録は注目に値しよう。このなかには自警団員の連行した者も当然含まれている。

軍隊、警察の活動から作成した検束人員を表にしたのが次のものであるが、いっきに四千人の自由剝奪を敢行した警視庁の能率のよさは、特高内鮮係の日常の警戒ぶりの結実であった。

次表をみていただきたい。軍警一致の人狩りのなんたる成果よ。
いかに迅速かつ威力的なものであったかがわかるであろう。

軍隊および警察別捜検朝鮮人数

	部隊名	検束人員	検束場所	検束日時	備考
軍隊	近衛輜重大隊	8			
	近衛歩兵2連隊	950	上野50三河島700千住200	9.3	
	近衛騎兵連隊	14	屯営附近	9.3	軍隊の活動　東京震災録
	近衛野戦重砲4連隊	100	吾妻橋浅草附近	9.3	〃　〃
	近衛歩兵学校	100	担任地域	9.3	〃　〃
	第1師団騎兵16連隊	25	不明	9.3	〃　〃
	第1師団野戦重砲1連隊	300	深川方面	9.3	功勲具状　東京震災録
	〃	170	小松川附近		〃　〃
	第1師団輜重1連隊	3	代々木富ヶ谷	9.3	〃　〃
	第1師団騎兵15連隊	400	不明		
	第1師団野戦重砲7連隊	53	不明	9.3	応急処置　〃
	計	2123			
警察	本　庁	351	管内		「大正大震火災誌」(警視庁) 「大正震災誌」(内務省) 「東京震災録」などで 作成、したがって重複 しているところがある かも知れない。 合計は数十及び余りを 省いた数である。
	麹町署	107	〃		
	日比谷署	63	〃		
	西神田署	数十	〃		
	外神田署	4	〃		
	高輪署	47	〃		
	鳥居坂署	50	〃		
	表町署	数十	〃		
	大塚署	85	〃		
	愛宕署	28	〃		
	月島署	50余	〃		
	品川署	47	〃		
	大崎署	80余	〃		
	大森署	80	〃		
	世田ヶ谷署	120	〃		
	淀橋戸塚分署	87	〃		
	巣鴨署	264	〃		
	板橋署	10余	〃		
	南千住署	434	〃		
	日暮里署	70	〃		
	亀戸署	250	〃		
	小松川署	400	〃		
	八王子署	10	〃		
	青梅署	19	〃		
	其他　30署	1396			
	計	4052			

さきに「平和的」検束でないことにふれたが、実際には、検束の過程で命をおとしたものもまた少なくなかった。九月三日付戒厳司令部の在郷軍人会宛の次の希望事項を参照していただきたい。

「一、不逞鮮人中放火ヲ企テシ形跡アリ然レドモ徒党ヲ組ミ暴行ヲ為スガ如キ噂盛ナルモ事実ト相違シ訛伝ニ過ギズ鮮人中ノ大部分ハ順良ナルモノニシテ之ニ対シ濫リニ暴行迫害ヲ加ウル等ノ行為ナキ様注意ヲ要ス　但シ真ノ不逞鮮人ト認メタルトキ又ハ彼等中抵抗シタル場合ニ在リテハ断乎タル処置ヲ取リ万違算ナキヲ期セザルベカラズ」(「麻布支部臨時」第二号)

通達の前段はこれまで紹介したものと類似したものである。しかし、後段の「真ノ不逞鮮人」「抵抗シタル場合」「断乎タル処置」「万違算ナキヲ期セ」とはどういうことか。これが殺害さしつかえなし、の換言であることは軍隊用語の常識であろう。朝鮮人の生命は依然として累卵のあやうきにあった。さきに軍隊の検束用語が「不逞鮮人」であったり「良鮮人」であって、統一を欠いていることに注意しておいたが、検束現場での「不逞」か「良民」かの判断は、兵士の心性、その日の虫のいどころにかかっていたといっても過言ではない。抵抗したかどうかは、兵士、警官や自警団員の任意の判断にゆだねられた。労働運動家、藤沼栄四郎は、赤羽で妹の家にいた朝鮮人夫婦の運命にふれ、「三日ごろ、憲兵と制服の巡査が来て連れ出したので、後を見送っていると、赤羽の土堤の上に四人を立たせ、憲兵がドスで四人の首を切り落し、川の中へ突き落した」(『労働運動史研究』三七)ことを語っているが、死刑執行の理由は連行を拒んだか、泣き叫んだかぐらいのものか、憲兵の虫のいどころが悪かったのか、いずれにせよ抹殺に匹敵するなにものもないことは確実である。兵士が「一たび斥候となって営外に出れば必ず一人や二人の朝鮮人は××××めて、今日は金鵄勲章だなど豪語して帰って来た」例は依然として多かったのである。生殺与奪の権は、なおひきつづき怒りのおさまらぬ兵士、警官、自警団員の掌中にあったといえよう。

朝鮮人を検束せよ、抵抗したらやむをえず、との方針の転換を朝鮮人が知らなかったことは犠牲をいっそう大きくする要因であった。

日本当局は朝鮮人は大部分温順であり、保護すべきであると強調してきた。しかし、その方針を、大部分温良な朝鮮人に周知徹底せしめる措置の一つでもとったであろうか。あらゆる有益な情報はこれを宣伝したという警視庁が、朝鮮語によるビラ、朝鮮語によるメガホン放送をただのいちどでもやったであろうか。朝鮮人は恐怖のどん底に放置されたままであった。

体験者の一人、高柄八氏は、「我々は二日間餓えました処、大阪より米五万石輸送すると云う広告と道々に之より何れの方面へ行けと云う広告が諸所に掲示してありましたが、朝鮮人救済の意味のものは一つもありませんでした。斯く今回の震災は実に惨憺でありました」(『関東大震災と朝鮮人』)と語ったが、二日以来の無差別虐殺を目撃している朝鮮人は、逮捕すなわち生命を失うことと固く信じていた。かれらがなんとしても危地を逃げださねばならぬと思ったのは至極当然であろう。この阻隔は、発見されたとき逃げようとした者、反抗した者は殺され、半殺しになっても哀願愁訴し、抵抗しなかったものはかろうじて一命をとりとめることになったのである。

「あんときゃ朝鮮人は、もう、大人はほとんど、くびられて、まるっきり荷物を積むように、こんなに積まれて縄がないから針金でしばって、どこかへひっぱられていきましたね」（玉井ハマの証言『民族の棘』）

すさまじい逮捕の様相を想像することができよう。

すさまじい逮捕

さきの証言にもあるように、兵士も警官も自警団員も「万違算ナキヲ期ス」ため検束者を針金またはロープで確実にうしろ手に捕縛した。焼け跡に散乱する針金はとくに多く使われた。ぎしぎしと肉にくいこむ針金の痛みは名状しがたいものがあった。針金と針金は数珠つなぎに結ばれ、獲物のように連行される者は体をもたせあって、足を引きずりながらついていった。

一行の沿道には、きまって一般市民の人垣ができた。唾をはきかけ、罵声をあびせる叫喚と怒号があれくるった。針のような敵意は怒りの衝動となって人垣をくずした。鳶口や棍棒が朝鮮人の頭上に閃いた。不幸なものはこの一撃で生命を失った。のどぶえに白刃をつきつけられ、必死の表情で連行された者もいた。暴力は情緒的に排出されたのである。

だが、兵士も警官も傍観するだけで阻止しようとしない場面が各地にみられた。

三橋茂一の目撃談は次のようである。

「翌日朝、近所の人びとが走ってゆくので、なにごとかと見ますと警官が一人の男を連行して行くのを一団の群衆が朝鮮人、朝鮮人と罵りながらとり巻いています。そのうち群衆は警官を突きとばして男を奪い、近くの池に投げこみ丸太棒を持ってきて生きた人間を餅をつくようにボッタボッタと打ち叩きました」（清水幾太郎編『手記関東大震災』）

ある犠牲者は自分たちの不幸な運命に絶望して無言で引きずられる途中、「いうとおり歩け、でないと殺すぞ」といわれたのが、いまだに耳から離れないと語っているが、恐怖の連続する長い道中にちがいなかったのである。

さて、官憲がジェノサイドに等しいものから若干の転換をみせたことはさきに述べたとおりであるが、戒厳司令部から、「民衆自衛団の自警に当るは適当なるも」と、一面その存在を公認された一部自警団の狂態はつのる一方であった。「一本腰に打ち込んで自衛の範囲を越え恰も自分等が国家権力の一部を委任せられたかの如く誇やかに自任して御座る」「実に以て危険でならぬ」一部自警団は依然として放任されていた。かれらは、「車夫、鳶職等の思慮なき輩で凶器を揮て人を威嚇するのを面白がっている厄介な連中である。加之統率するものがないので一人が騒げば他は之に雷同する有様で通行人は危険至極である」（『関東大震災と朝鮮人』）と顰蹙をかっていた。官憲の方向転換が気に召さぬグループも輩出した。朝鮮人殺害さしつかえなしと言っておきながら、いまさら「保護」とはなにごとか、警官は国賊か、将校は社会主義者かなどののしり、一定範囲、官憲との対立も生じた。この対立はのちに権力への挑戦とされ、官憲の摘発を招き、いわゆる自警団員検挙のいとぐちとなった。

逆上した自警団員の「鮮人斬り」の軍功話は東京、横浜など被災地を中心に随所に花をさかせたが、なんといってもよく知られているのは九月四日以後、埼玉、千葉、群馬などの地方で組織的かつ大規模に起った虐殺事件である。これら地方の事件は一面で官憲の重大な手落ちから生じたものであるが、一応官憲に「保護検束」された者を自警団員が、あるときは待ち伏せし、あるときは警察署を襲撃して虐殺した事件であるところに特色がある。

埼玉県の例をあげれば同県に避難した朝鮮人を県当局が、「恰かも浮浪者でも県外に放逐するかの如き方法でどしどし避難民（朝鮮人）を県外に送り出す」ことから発生した。当時川口、蕨、戸田等の各町村で逮捕された朝鮮人は約二百名に達したが、かれらは県警本部によっていったん浦和に集められ、そこから群馬刑務所に送られることになった。事件はこの送致の途中で発生したのである。小人数の警官と多くの自警団員の監視のもと、数グループにわかれ、中山道を漸次高崎にむけて移動する朝鮮人はあたかも駅逓送りのように宿駅を順送りに北上していった。異様だったのはかれら一行が逃亡しないように数珠つなぎにしばられて、その縄の一端を警官がにぎりしめていたことであった。ある区間は徒歩で、ある区間はトラックで北上したのであるが、こうした一行を沿道の住民は避難民とはみなかった。途中、水をめぐんだ村民もいなかったという。東京に火をつけたにっくき犯罪者、群馬の「刑務所で死刑になる」連中との認識がさきにたっていた。一行をとりかこんだ数千人の人の輪から「やっちまえ」の一言が発せられて、事件は勃発した。本庄、寄居、神保原、熊谷などいずれも大同小異であった。

埼玉、千葉の両県はこうした事件をおこしたことにより戒厳令をもちこんだ。九月四日の戒厳令施行区域拡張に関する司令官の告論は次のようである。

すなわち、「此拡張ハ別ニ新ニ恐ルベキ事柄ガ起ッタ為デハナイ、罹災民ガ次第ニ此地方ニ入リ込ムニ従イ色々ノ虚報流言ガ行ワレ人心ヲ不安ニスル事ガアルノヲ取締ルノト必要ノ場合ニハ軍隊ヲ以テ治安ヲ維持シ救護ニ従事スルニ便ナル為デアル」と。

しかし、この拡張が朝鮮人虐殺を敢行した自警団の取締りにあることはあきらかであった。それはいうように「恐ルベキ事柄」ではないが、水野の戒厳布告の口実が、ここでは逆転しているのである。あとさきになったが、戒厳令がなんの目的で発布されたかを知るよい例証といえよう。ともあれ、一部兵士、警官の専横、自警団員の狂暴はなお続いていたのである。

こうした血なまぐさい事件が一応の終止符をうつのは、九月六日付、戒厳司令部の次の注意、すなわち、「朝鮮人に対し其の性質の善悪に拘らず、無法の待遇をなすことは絶対に慎め、等しく我同胞であることを忘れるな」の訓令が民衆に徹底された以後のことに属する。

「不逞」「良民」にかかわりなく絶対に慎めという強い調子はいままでのいくつかの通達にはなかったものであるが、ここに至るまでには、なお次にのべる検束者の訊問、あらいだしの過程があったのである。

検束者の運命

検束者の運命が無事であるとの保証はなかった。読者は前掲の表から、東京地方の検束者六三八〇人のうち、直接軍事行動により「捕獲」された者が二二二八人に達していることを見出したであろう。また、検束者のうち、「習志野廠舎に収容せられた朝鮮人約三千人中、約三百人の打撲傷患者を有し、傷重く命を失うもの少からず」とか、神奈川関係の不入斗に収容された者が、「皆重傷にして刀剣、竹槍の創、及針金にて手首を強く縛されたる深き環状の創等凄惨を極める」負傷者であったことから、検束過程の暴状を想像することができるし、検束とは幸運にもうち殺されなかった戦時捕虜の別称ということもできよう。

だが、検束者が軍隊の屯営や警察署でうけた扱いは、戦時捕虜もいま少しましではなかったのかと思われる苛酷なものであった。かれらの多くは営庭や警察署の庭にうしろ手にしばりあげられてころがされていたか、留置場、演武場にいものようにつめこまれたかであった。半死半生のまま警察に連行されたものは治療はおろか鳶口で魚河岸のまぐろのように引きずられ、命をおとしたものもいた。

犠牲者の一人、愼昌範氏は、生きたまま死体収容所につみこまれ、死体の山からはいだした、生き残りであった。小指を失った左手、足にのこる鳶口のかぎあと、肩に走る刀傷などをみせながら語った同氏の蘇生談はいまでも著者の脳裏にいたましくこびりついている。

ぼろをまとった血だるまの収容者の群は、正視に耐えない光景であった。無傷なものにも飢えと過労は確実についてまわった。にぎりめし一個が検束後二四時間目に支給された最初の食物であったという人もいた。一日一個のにぎりめしが命の糧でもあった。空腹のため便所にゆくにもつたい歩きをしたという人もいた。水ものませてもらえなかったという人もいた。そのうえ、被検束者が少しでも反抗の気配をみせたり、恐怖のあまり逃げようとしたりすれば、ただちに街頭での無差別虐殺と同じような処刑が加えられたことなどを併せ考えると、あらゆる面で検束者を人間として扱い、生きてゆく必要な最低の水準を保障していたとはとうてい信じがたいのである。

曺仁承氏は検束中のことを次のように証言している。寺島警察署の庭で夜を明かすことになった同氏の耳に、「ひどい騒ぎ声が、ワーワーと庭の中に聞えてきたので同胞たちは、又殺しにくるのだという恐怖感でいっせいに逃げだしたのである。私もこの儘おとなしく殺されてなるものかという気持で、無我夢中、外にとび出そうと警察の塀にとび乗った。すると外には自警団の奴らが私を見つけて、喊声を上げてとびかかって来て、私はその儘、警察の庭の方に落ちて助かった。……三十分程して、私は……庭の中の方へ行ってみた。すると、その時、私の目の中に入った光景は巡査が刀を抜いて同胞たちの身体を足で踏みつけた儘、突き刺し無残にも虐殺しているのであった。只警察の命令に従わず逃げだしたからという事だけで、この時八人もの人が殺され、多数の人々が傷ついた。私は余りのむごさと恐しさの為に腰が抜けんばかりであったが、ようやくその場を離れた。そして、留置場の方へゆくと太い棒をもった巡査が私を殴ろうとしたが、私は拝むようにして必死で棒を避けた。そして、私は突きとばされるようにして留置場の中に入れられた」（朝鮮大学校、前掲書）

曺氏の証言に誇張があるとは思えない。あわれな脱走がただちに失敗したことは事実であるが、その事実から塀の外の自警団も、中の警官もヒステリックな朝鮮人憎悪を脱却しえない「適当処分」すなわち「殺害さしつかえなし」の意識をもちつづけていたことを知ることができる。

吉野作造は友人の話として、「演武場に抛り込まれたまま、二十日の間一言の弁明の機会は与えられず、又、××側の説明にも接しない、一日何故の検束かを尋ねようと試みたが、これに酬えられたのは手厳しい××の雨であった。それから先き色々の目に遭ったが、結局、同行の二人は所謂行方不明のリストに入って、最早此の世の人ではないらしい。自分の斯うして生き残ったのが不思議な位だ」と「検束」が命の問題であったとの一文を残している。すべての人がだまって命令に従い、だれもいのち乞いをせず、逃れようとも抵抗しようともしない場合にのみ無事であった。

日本当局はこのような処置を自警団暴力からの「庇護」であり、「保護」であるという。しかし、後ろ手にしばりあげ、逃亡したら殺害するような扱いを「保護」とは、いかにも強弁である。どのように控え目にみても、捕虜、または犯罪予備軍以下の扱いをでなかったのである。

「良鮮人」のみ保護

いわゆる保護扱いが実質において考えられるようになったのは、捕虜の身辺調査を終って以後のことである。捕虜になった朝鮮人はまず憲兵、特高、内鮮係のまちかまえる調室にぶちこまれた。調室の「旦那たち」は姓名、本籍、現住所、職業、経歴から、いま、このようなめにあっているのをどう思うかなど聞き、所持品、現金を押収し、執拗に「不逞の行為」があったかどうかに焦点をおいて訊問をくり返した。訊問の途中、少しでも「容疑の点」あるものには、苛酷な拷問がまっていたし、あげくのはて、密室の「適当処分」になってあの世に送られたものも多かった。

犠牲者の体験談を総合すると、生き残ったものにとって、朝起きて夜ねるまで長い長い緊張のくりかえしであった。訊問のあいだ中、留置場、演武場などで抜剣した巡査や兵士たちが、ことあるごとに朝鮮人をこづき回し、あたりいちめんに恐怖のふんいきをちりばめていたという。処分がきまるまで、生きるか、死ぬか、これからどうなるのかを心配する日々の連続であった。生命にたいする不安との対決を毎日強要されるくらい大きな精神的残虐行為はない。肉体的苦痛より精神的苦痛で倒れた者も多かった。不安で髪の毛が真白になったと語った人もいる。

このように「不逞」か「良」か、朝鮮人をふるいにかけてあらいだし、「容疑の点なき」ことが判明したものに、はじめて「良鮮人」の烙印がおされ、いわゆる保護とはこのこのましい朝鮮人にのみ適用されたのである。さきにのべた総員検束令は、このためにとられた処置であった。街頭で「良」「不逞」の区分けをするよりは自由を拘束して行なった方がより明確な判別ができるのはいうまでもないことだろう。

こうして、えらばれた生き残りの「良鮮人」がはじめて「適当なる場所に集合避難」を許可する対象となったのである。陸軍関係は、その名も似つかわしい習志野捕虜収容所跡、警視庁関係は目黒競馬場など次ページの表に示したような場所が選定され、順次検束者が移送されるようになったのは九月六日以降のことであるが、すでに述べたように善悪を問わず絶対に朝鮮人に危害を加えるなとの訓示が九月六日付であったことは偶然の一致とはいえないのである。

収容所に送られるまで早いもので三日、遅いものは二週間の期間があったが、命の保証らしきものがえられたのは収容所送り以後のことである。

関東各府県収容者

	場　　所	人　員	所管官庁	日　時	備　　考
東京関係	習志野捕虜収容所	3200	陸　　軍	9.10現在	
	目黒競馬場	642	警視庁	9.12	
	相 愛 会	300	〃	9.19	朴春琴李起東経営
	督 学 部	120	総督府	9.19	
	長 白 寮	60	〃	9.19	
	町内有力者預け	600	各警察署	9.19	
	日鮮企業	300	〃	9.19	
	第一師団司令部	18	陸　　軍	9.10	
	野砲一連	10	〃	9.10	
神奈川県関係	横浜港内華山丸	703	警　　察	9.18	226名は9月23日不入斗収容所に移管
	神奈川署	26	〃	〃	
	戸 部 署	7	〃	〃	
	鶴 見 署	1	〃	〃	
	高 津 署	8	〃	〃	
	川崎田島町	266	〃	〃	
	渡田神社境内	165	〃	〃	
	浦賀警察分署	59			
	大 師 町	51			
	潮 田 町	135			
	愛甲郡高峰村	30			
	厚木警察署	44			
	不入斗	267	海　　軍	9.23	
	其　他	771			
その他各県	埼玉県県庁	240	県当局	9.18	
	栃木県金丸ヶ原	471	陸　　軍	〃	401は埼玉県より移管　70は栃木県より移管
	千葉県場所不明	210	県当局	〃	
	群馬県　〃	611	〃	〃	
	茨城県　〃	106	〃	〃	

曺仁承氏は「一四日目に将校が来て、『明日は皆、千葉へ行かねばならない。そこへゆけば三度の食事が保証される。こちらの云う通りにすれば死ぬことはないし、そうでなければ殺されるだろう』と告げた。翌日二個のにぎりめしを支給され、五十名位ずつに分散させられて出発することになった」と言っているが、収容所への道がまた難行そのものであった。騎兵の監視下、全行程を徒歩行進させられたグループもあり、炎天下身心ともに疲労した犠牲者のうちには、文字通り死出の旅路になった者もあった。あるいは移動の途中些細なことで警備員に射殺された者もいた。一護衛卒が九月九日の日記に、「彼らは食も十分取らず、水も自由に飲めず渇しているので水々で大騒ぎだ」と書いているのは道程の難儀のほど、習志野行に先行した恐怖の日々を偲ばせるものであろう。

収容所と強制労働

収容所は那須金丸ヶ原練兵場内、目黒競馬場内、横浜港内碇泊華山丸船中などの例にみられるように、一般市民から隔離した場所であるのに特色があった。これには自警団の攻撃から「保護」する立地上の意味があったことで知れるように、公然たる迫害はなくなったかのようであるが、反面、習志野では「表面及東出口に各複哨ヲ置キ直接警戒ノ為九箇所ノ単哨配置」し、目黒競馬場でも「周囲木柵をもって囲」いさらに中尉以下二〇名の兵士、警官三五名をもって監視し、なかに朝鮮語を解する者を配置し、要注意人物をさぐりだし、一般朝鮮人と区別して収容した。学生もまた区別して少人数あて分散収容し、収容中もつねに監視尾行した。あきらかに依然として危険視の観点を堅持していた。また収容者の私信は「細密なる注意」が払われ、通信は検閲された。とくに「要視察人」との交信は厳重に阻止された。収容者に対する慰藉同情の表明は露ほどもなかった。

収容者の待遇は賄料、日額わずか一五銭以内で、主食は米麦乃至南京米二合以内で、したがって、献立は粗末きわまるものであった。食器の支給すらないところがあった。寝具は主として敷俵、敷藁、それすらないところは木材に毛布一枚という粗末なもので、秋ふかまる夜寒の季節にどのような配慮があったか問うまでもない非情さであった。とくに華山丸四七〇〇トンに「押込アル所ノ鮮人七〇三名」の例をとれば、「甲板上にて風雨に曝され、殆んど無塩無茶の握飯一個宛一日二回」の支給で、わずかに命をつなぐ最小限の食糧であった。糞便はたれ流しであった。そのため「華山丸より上陸したる鮮人の大部は、大に疲労して、労働の元気なきが如し」ありさまであった。

このような待遇下にあっては収容者中「傷重キ」ものの中に、「命ヲ失ウ」ものや、健康を害するものが続出したことは当然である。

習志野では九月一〇日、三二〇〇人の収容者が、一五日には三一六九人になり、さらに三〇五〇人となり、一〇月一九日発表の全釈放人員は二八六七人に激減している。途中、あらたな犯罪容疑で移監されたものがいたとしても、この減少のなかに命を失ったものが多数含まれているにちがいない。

日赤朝鮮支部の救護活動によれば、目黒収容所および各警察収容者中、加療人員八四二人、各地方巡回診療者は一三二三人にも達している。日赤の加療規準は各収容所備付医療設備では救護不可能な傷者、病者を対象としていたことを考えれば、収容者がいかに悲惨な健康状態であったかがわかるはずである。

日本官憲も「之ガ取扱ニ関シ多少遺憾ノ点モ有之今日ニ及ビ居候」とその事実を否定していないが、改善すでに時遅しだったのである。

いわれのない迫害を受けた犠牲者の精神的、物質的打撃は筆紙に尽しがたいものがあったにちがいない。故に被害者の唯一の望みは、この恐ろしい日本から一刻も早く故国に帰ることであった。

しかし、この唯一の最小の願望すら、虐殺事件の真実が漏洩するのを恐れた官憲によって踏みにじられた。日本政府は「鮮人ハ悉ク不逞ノ徒ノ如ク宣伝セラレタルハ遺憾ナルモ今ヤ漸ク虚報ナルコト徹底セラレタルガ如シ」と称し、一面、朝鮮人の旧雇傭者に圧力をかけ、その再就職、住居のあっせんなど小細工を弄し、その反面「鮮人中帰鮮セントスルモノ簇出スルヤモ計リ難キニ付テハ此際鮮人ヲシテ帰国セシムルハ政策上甚ダ弊害アリ」（九月八日、警視庁通牒）として、九月九日、警備部会同により「鮮人ノ帰国ハ当分絶対禁止ノ方針ヲ取ル事」を協定した。また、故国からの朝鮮人が「如何ナル官憲ノ証明書ヲ持来ルモ阻止」する措置をとり、あわれな犠牲者を強制的に祖国から分断した。思うに三・一人民蜂起以後、したたかな敵として日本の植民地主義者にたちむかおうとしている朝鮮民族の反日感情に与える影響を恐れたのである。

こうして生き残った人びとは短い者で二〇日、長い者は六〇日に及ぶ陰惨な収容所生活を送らざるをえなかったのである。

それればかりではない。日本政府は、李起東、朴春琴などの民族反逆者を利用し、収容朝鮮人を強制労働にかりたてたのである。

警視総監赤池は、「三日夜相愛会の鮮人三名を警視庁に召致し彼等の保護を告ぐると同時に、彼等は此際進んで社会奉仕的努力をなすべきを諭した。翌四日朝李起東、朴春琴、余を尋ねて……御話の点は最も妙案と存ずる故早速道路の整理に従事し度と申出た」（『自警』第五一号）と記している。

官憲が朝鮮人を強制使役する目的は三つあった。

その一つは「多数の鮮人は決して不逞ならずして献身的に世務公益に努力する者である事実を示して、国民の反感を緩和すること。二は上野、両国、品川、新宿は帝都の関門、交通運輸の要衝で殊に目下の如き鉄道不通の際、物資を市外より得んとする際に於ては最其通路の障害物を除去し、交通運輸の安全を期せねばならぬ、然るに路面破壊されたのみならず、廃物山積して歩行すら容易でない、故に速かに障害物を除去するは非常の功徳であったからである。三は鮮人をして義侠的又は社会奉仕的に労働に従事せしむれば一般労銀の低下を促す原因となる」と考えたからに他ならない。

九月二日午後三時、警視庁決定の朝鮮人対策中「内鮮人相互ノ融和ヲ図ル為朝鮮人労働者ヲシテ社会的事業ノ開始ニ勧誘スルコト」の項目のあったことをおもいだしていただきたい。いかに計画的に朝鮮人を利用しようとしたかがよくわかるはずである。

労働条件は地域によって異なったが、強制労働は多くの収容所で行なわれたらしい。海軍省所管の不入斗収容所の報告によれば、「鮮人収容に関しては最初海軍に於て比較的低廉の賃金を以て労働せしめ市内一般の労銀を緩和せしむる方針なりしも傷病者の数多きに鑑み、救護を主とせり」とあるが、東京では官憲直営の労働奉仕隊となって、収容朝鮮人が大々的に投入された。こうした労働奉仕が、九月一〇日以降には「鮮人百名ハ朝鮮人ノ誠意ヲ示サント無償ニテ市ノ障害物ヲ取除ケ従事中」などの官製美談として新聞に発表され、良好な仕事ぶりを一般市民は朝鮮人の謝罪の表明として「深クソノ好意ヲ喜」んだ。血と汗の結晶をもって日本人の好意を博するむなしい労働に「保護」朝鮮人が使役されたのである。

とくにふれておかねばならぬことは、死体処理作業に「保護鮮人」を動員したことであった。集団焼死のあった被服廠跡などは足の踏み場もないほどの死体が残暑にさらされ、蛆、蝿の大群がむらがっていた。腐臭のたちこめるなかで、荼毘に付す作業は難事で作業員の応募がなかった。『日給五円日払イニシテ三食弁当ヲ給ス』破格の条件で募集した八八名の作業員が半日の作業でわずか四名しか残らなかった」（吉村昭『関東大震災』）ほどであるが、この「一般内地人の嫌忌する労働」に朝鮮人が動員された。

金学文氏は、江東、砂町方面で死体処理をしながら「火にあって死んだ人やトビロや刃物で殺された人がありましたが、両者は、はっきり区別されます。虐殺された人は、身なりや体つきで同胞であることが直感的にわかるばかりでなく、傷をみれば誰にでもすぐ見分けがつきました。小さな子供まで殺されていました。あの頃のことを思うと今でも気が遠くなりそうです」（朝鮮大学校、前掲書）と語っている。

殺しておいて、生き残ったその仲間に死体を処理させるなど、人の心を無視するにもほどがある措置といえよう。悪辣さとは次元のちがう、心の凍る精神の腐敗をみせつけられるようである。

植民地政府とはいえ、朝鮮人の「利益代表」である総督斎藤実は「相互ニ誤解ナク益々日鮮融和ノ実ヲ挙ゲヨ」と訓弁して、この苛酷な労働を支持し、事務官国友尚謙を派遣したが、国友は「戒厳司令部直営ト云ウ様ナ手段デ、主トシテ土工ニ使用」すべく献言し、ますます強制労働を拡大、およそ健康で労働に耐えうるものは、就労せしめる措置をとらしめたのである。

日本当局の「保護収容」とは以上のようなものであった。言葉と内実は対照的にちがっていたのである。

Ⅶ 犠牲者調査

捕虜収容所から連行される生存者

官庁統計について

関東一帯を中心に九月二日から六日まで官憲、自警団による大虐殺（六日以降も部分的に迫害は継続された）がくり返されたことをあきらかにしたが、では朝鮮人の人的被害はどれほどなのか。いったいどこで何名、だれが殺されたのか。いわれなく命をおとした不幸な人びとの霊を慰めるためにも、いちにちも早くあきらかにされねばならぬ問題である。ところが、事件後半世紀を経たこんにちになっても、埼玉など一部の例を除いて、十分な成果をあげているとはいいがたい。

虐殺の大規模かつ組織的な展開に反し、事実がいかにも不明確な点に事件の特質を指摘することができるが、次の一文はあいまいな事実を具体的に説明して的確である。

「鮮人の殺された数は幾らがホントであろうか、斎藤朝鮮総督によれば確実の処は合計二名だそうだ。司法当局が取敢ず発表したものによれば南葛を除いてザット千人はある。南葛は千人と云い或は二千人とも云う、此千人、二千人は新聞に所謂永久に発表出来まいとあった事件を包含して居るか否か判らない。鄭然圭氏の弔文には三千人とあり、習志野帰りは各地の情報を綜合して優に四五千と新知識を振り廻すが、生命辛々上海に帰った者は確かに万を越えると云っている。とにかく二人以上一万人以下なる事は確からしい」（山崎今朝弥『地震憲兵火事巡査』）

引用は五〇年前のものであるが、こんにちでも、とくに明確になった点があるとはいいがたい。

なぜ被害者数がたったの二人から一万名の範囲という極端な相違がうまれたのか。

それは日本当局が事態収拾に際し、徹底的隠蔽策によって恥ずべき犯罪痕跡をくらまそうと、あらゆる努力を傾注したからである。

一つの例をあげておこう。騎兵第一三連隊所属の岩波少尉らが、「震災地に警備の任をもってゆき、小松川にて無抵抗の温順に服してくる鮮人労働者二百名も兵を指揮し惨ぎゃくした。婦人は足を引張りまたを引裂き、あるいは針金を首に縛り池に投込み、苦しめて殺したり数限りのぎゃく殺したことについてあまりに非常識すぎやしまいかと他の者の公評も悪い」（欄外に「九月二日岩波少尉兵を指揮し鮮人二百名殺す（特進少尉）」）（今井清一他『関東大震災と朝鮮人虐殺』）と日記に記入した一兵士の内部告発に注目したい。

この戒厳軍隊の行為が特別なものでなく、他にも同じような例が多数あったことはすでに周知のことである。ところが日本当局はこうした残虐行為を「衛戍勤務令第十二条の第一条項により適当」又は「大体に於て警察署官の犯行は之を認むるを得ず」とし、責任を転嫁した自警団の犯行も「情状酌量スベキ点少ナカラザルヲ以テ騒擾ニ加リタル全員ヲ検挙スルコトナク検挙ノ範囲ヲ顕著ナルモノノミニ限定」し、できうる限り、真実を遠ざけようとしたのである。

日本当局が事件の矮小化を一方的におしすすめることが可能だったのは、一つには当時の日本国民の強烈な排外性、人権に対する壁のような無関心、共犯者としてのジャーナリズムのふるまい、白色テロルに恐れをなした社会主義者らの怯懦な姿勢などに求められるが、より基本的には朝鮮人民が亡国の民であり、無権利な漂泊の民であったからである。

日本政府は、ニコライエフスクにおける日本人虐殺事件に抗議して北樺太の保障占領を敢行し、ロシア政府の陳謝を要求した。義和団事件のとき、日本人犠牲者の償金を要求し、清国政府の謝罪を要求した。また琿春の日本領事館が焼打に会ったとフレームアップし、間島地方在住の朝鮮農民に報復攻撃し、数千名の生命を奪った。こうした例はいくらでもあげることができよう。一人の人間の生命が戦争の口実となることさえ、国際関係にあってはよくみられることである。ところが朝鮮人は「あれだけ惨酷な虐殺にあっても、国がないため抗議一つできませんでした」と被害者の一人慎昌範氏が語ったように、抗議どころか、事件の調査要求もできなかったのである。

亡国の民がいかにみじめか、一つの例として朝鮮総督府および総督の対応をあげておこう。総督府は日本の植民地政府にはちがいないが、同時に朝鮮人の生命財産の「保護と権利」の主張をする「代弁機関」でもある。その総督は統治下の朝鮮人民に対し、「今回の大震災に際し、東京及横浜の市内各地に火を発し、中には放火の疑あるものあり、右は朝鮮人中の不良分子が内地の不穏分子と連絡共謀の所為なりと伝えられ、加うるに朝鮮人にして強盗暴行を働くものありとの風説を生じ、さなきだに昂奮せる民衆をして新たなる一大脅威を感ぜしむると共に忿怒の極強烈なる敵愾心を発生せしめ終に民衆は各自武器を携帯して昼夜自衛に努むるに至れり、其結果朝鮮人及内地人にして殺害せられたるもの各地に於て数十名に上る見込なり、政府は目下本件に付極力調査中なるを以て不日其の真相を明にするを得べし」との諭告を発している。

一読して本国政府の嘘に輪をかけた嘘の諭告になっていることがわかるであろう。また、総督個人も朝鮮人犠牲者は調査の結果「確実の処は合計二名」と放言してはばからなかったのである。

あわれなのは売国の国王李垠である。かつての人民のこの悲惨を目撃し、抗議の叫び、哀悼の意一つ発しなかったばかりか、ほかの「皇族」たちのだれよりも早く、九月七日に戒厳司令部に「見舞」に行っている。李王垠が自発的に福田大将らの慰労に訪れたのか、総督府のさしがねかわからないが、見舞った方も慰労を受けた方もともになにを狙っての芝居かは多言を要しないであろう。両者の無神経さ、粗放さに朝鮮人犠牲者問題に対する日本当局の対応が集約しているといって過言ではない。日本当局にとって朝鮮人の生命などは一言半句の関心を寄せるに値しないものであったのである。朝鮮人の生命より大事なものは第三国への体面であり、恐れたのは第三国の批判であり、朝鮮人民の離反であった。李王垠の慰問はそうした体面づくりに利用されたのである。

日本当局のいわゆる事件調査で、体面づくりの枠をでたものはなに一つない。威丈高にいなおる場面はあっても謝意を表明する心境はない。四七臨時議会で田淵豊吉が外国に向って謝電を送り謝意を表明するまえに「朝鮮人に謝するのが事の順序でなかろうか」と内閣に迫ったのに対し、いっさいの謝意の表明はなかったし、こんにちにいたるまで個人の資格においてすら官憲当局から遺憾の意が発せられたことは寡聞にして知らない。

誤って殺された中国人犠牲者に対し、中国政府が王正廷一行の調査委員を派遣して抗議し、大きな問題をなげかけたこととの相違はあきらかであろう。「東亜日報」社長宋鎮禹は「若し朝鮮の政府ありしならんには必ずや大々的に強硬なる抗議を申込み呉れ、怨を晴らす一方法もあるならん」と痛歎し、「東亜日報」は、「中国学生等が自国より軍艦を送り中国民を輸送せりとの誇語を聴くに於ては最も悲しき感が湧出する」との社説を書いて発禁処分になったのである。このように朝鮮人の声を代弁するものはなに一つなかったなかで、日本当局の公表した朝鮮人犠牲者数は次のものであった。

すなわち、司法省調査書は、死者二三三名、重傷一五名、軽傷二七名、計二七五名、誤殺日本人死者五八名、重傷一三名、軽傷一八名、誤殺中国人死者三名、重傷五名とあり、内務省警保局の調査（「大正十二年九月一日以後ニ於ケル警戒措置一班」）も朝鮮人の死者二三一名、誤認日本人死者五九人としている。

しかし、こうした数字が信用できないことは、総督府がとった次の措置からみてもあきらかである。総督府は総督府の官憲が「精細に調査した結果」、朝鮮人の被害人員は八三二名とし、その調査にもとづき「震災の為に死亡したり行衛不明となった鮮人の遺族に対しては一人に付二百円宛の弔慰金を贈り地方官をして懇に遺族を慰問せしめ、その人員は八百三十名で弔慰金総額十六万六千円である」（朝鮮総督府『関東地方震災時に於ける朝鮮人問題』）としている。八三二名のうち二名がなぜ弔慰金の対象から除外されたかはわからないが、弔慰金をうけることは被害者の身元が確実に判明したことを意味しよう。

司法省調査の二三三名を総督府が調査するとどうして八三二名に増加するのか、これだけでも別に正確な根拠のあることを示唆しているが、いまいちど司法省や内務省の調査した被害者は二三三名中二三名しか氏名が確認できず、残余の二〇〇名以上が「氏名不詳鮮人」とか「約十五名」など大雑把にしか記録できなかったことに注意したい。

つまり、司法、内務両省の調査は氏名、原籍確認の精度からいえば一〇分の一の尺度しかもっていなかったのである。総督府の役人がどのような調査資料をつみあげて八三二名を捻出したかはわからないが、かりに司法、内務両省のデータと同じ精度で八三二名の氏名、原籍を確認したのなら、八三二名に一〇倍する氏名不詳者がいる計算になるのである。むろん、単純な算術計算が適合するとは思っていない。しかし、少なくとも最低限八三二名は遺族の確認をしたことはまちがいないし、同一権力の内部でさえ四倍ちかい数のちがいが現実にあったこともまちがいない。

では、事実はどこに求められるのか。残念ながら、こんごとも被害者、被害場所、加害者のすべての真実を求めることは不可能に近いだろう。加害者、被害者の多くは半世紀の日月の経過のなかで物故し、また数少ない体験者の記憶も風化はすすむ一方である。

だがそれでも、ここ十余年の間、いくつかの有為な研究業績や多くの関連資料、とくに聞き書が精力的にすすめられ、「私は裁判を受けました」「私の兄も加害者です」といった勇気ある証言が事実にふちどりを与えつつあるし、痛恨の慰霊碑の建立もすすんでいる。なお十分とはいえないかも知れないが、そうした成果と当時の文献を可能なかぎり参照することによって、どこで何名殺されたのか、全体でどれだけの人間が幽明を異にしたのか、発掘してみたい。

五つの調査統計

まず、個々のケースについて論ずることはとうてい限られた紙数に収めることが不可能なので、数少ない当時の犠牲者調査のいくつかを便宜上一覧表にしたものが巻末の表である。

表①の金承学の統計は、当時上海にあった独立運動グループの機関紙「独立新聞」社長金承学がひそかに東京に入り、同志を糾合して犠牲者の調査をしたもので、参画し手足となったのは、李鉄、朴思稷、閔錫鉉、李昌根、崔承萬、李根茂など留学生を中心とした十余人のメンバーであった。

調査は、日本当局が絶対に許さない悪条件のなかで行なわれた。かれらはやむなく調査団ではなく罹災同胞慰問団をつくって調査を開始した。団員の調査活動を記した官憲の記録を紹介しておこう。

鮮高乙秘第三三号の要視察人李根茂の行動を茨城県警察は「十一月二十二日午後十二時十一分常磐線取手駅着列車にて来県、千葉県より尾行引継を受け視察するに新沼郡中家村及稲敷郡阿見村に於ける土工部屋鮮人鄭竜采方を訪問の上、土浦町旅館本郷館事染谷忠助方に二泊し本日午前八時十一分土浦駅発上り列車にて帰京したるを以て尾行中柏駅に於て千葉県へ引継を了したるも右は災害慰問団の一味と思料せられ候……」と記している。各地に生き残った同胞をたずね聞き書をしている団員にぴったりはりついた権力の目と、いつ妨害にでるかわからない警戒の目をくぐって調査を続けた団員の労苦が想像できるであろう。

メンバーの一人李鉄は「方々の遺家族を訪問し、傍ら惨殺された死体やあちこち散らばっている骸骨やあるいは墓——墓などとはいうものの、多勢の死体を一緒にして死体丸出しのまま埋めてあるのがいくつかあった——などを詣でながらいろんなところを見聞したが、その惨状たるやどうして一々語ることができようか」(金秉稷『関東震災白色テロルの真相』)と語っている。

金承学自身も「到る処苗束のような屍を見れば胸が痛み、まなこをあけて焼けただれた肉の跡をたずねては、身体が震えた。嗚呼天地にかぎりがあるとしても、われわれのうっせきした怨恨はいつの日、はらすことがあろうか。哀哉、この冤讐をはらすのは誰であろうか。空山明月夜三更、杜鵑《ほととぎす》が哀しく鳴けば、七千のわが同胞の孤魂を思い浮べるべきであろう」（『関東大震災と朝鮮人』）とその怒りを書簡にしたためている。

調査は秋から冬にかけて行なわれたが、調査は至難のことで、金承学も「詳細に調査完了するにはきわめて困難があります」とのべているとおり、「なかなかその実数の正確を期することが出来るものではなかった」。

とくに、東京山ノ手方面、郡部の調査は官憲が行く先々まで尾行し、あらゆる妨害をこころみたため十分に果せなかった。また、真相を暴露したならば調査員自ら身を殺す禍を招いたであろう、恐怖の雰囲気が資料の公開をためらわせた。また、活字になるまでに多数の人の手を経て転写をかさねたため誤記を生じた部分もあるが、それでも「六千余名も殺されていることが判った」統計として、のちに朝鮮人被害者数六千余人と伝えられる根拠の一つとなっている。

表②は吉野作造が赤松克麿の助力のもとに一〇月末日までの調査を一覧したもので、本来は改造社の依頼に応じた原稿で、改造社によれば「豊富な資料と精細な検討によって出来た鏤骨苦心の好文字であったが、其筋の内閲を経たる結果、遺憾ながら全部割愛」を余儀なくされたものである。統計は「朝鮮罹災同胞慰問班の一員から聞いた」ものであり、その意味で先述の金承学の調査と根原を一にしているが、一〇月末日までの調査という点に相違がある。

いずれにせよ、この二つの資料は、神奈川、埼玉の両県に関してはきわめてよく調査され、いまのところこれをでるものはない。

神奈川県とくに横浜の震火災はどこよりも激甚をきわめ、流言の伝播の早いわりに、治安能力の回復がもっとも遅れた地域であり、当然最大の虐殺地と目されたが、同時に全くの廃墟と化したことにより、犯罪痕跡の隠蔽がもっとも完全に行なわれたところである。そのため表④にみるように司法省発表の朝鮮人殺害事件はわずか二件をかぞえるにすぎない。神奈川がこんなに些少なものでないことは、これまでのべてきたことからも自明のことであるが、二つの資料はそうした欠陥を正すうえからも貴重なものといえよう。巷間被害者数三千名というのは、この記録にもとづいている。

表③の黒竜会の調査は、内田良平「震災善後ノ経綸ニ就テ社会主義者不逞鮮人凶行ノ一班」から朝鮮人殺害に関するものを整理抽出したものであるが、他の調査とちがうのは、自警団員検挙に対する政府への抗議というスタイルをとっていることである。つまり、流言は事実であり、その事実に応じた自警団員の自衛行為が朝鮮人殺害となったのである、政府が「鮮人の殺害差支えなし」といっておきながら、その後罪を自警団におしつけるのはなにごとか、この事件もあの事件も、自警団員の忠誠のあらわれであるという立場で朝鮮人迫害が記されている。したがって、官憲の暴力、官憲の責任追及が行間にあふれているし、朝鮮人殺害も一種の戦果として扱っているから、きわめて生々しいものがある。しかし、東京以外の各地の事件にあまり言及のないのが難点である。

表④は前記司法省調査書の「鮮人ヲ殺傷シタル事犯」という報告に典拠する日本政府の公式見解である。すでにのべた内務省調査はほとんど同じものである。

しかし、内容はおよそ真相とかけはなれて「被害鮮人ノ数ハ巷間伝ウル所甚多大ナルモノアリト雖犯罪行為ニ因リ殺傷セラレタルモノニシテ明確ニ認メ得ベキモノハ別表ニ示スガ如ク其ノ数三百ヲ超エズ」とあるように、まさしく顕著な犯罪、かくすことのできない事件を例示したにすぎない。

東京関係の調査を詳細にみれば一目了解するであろうが、かぞえあげられたのはほとんど東京の郡部に属し、被害の大きかった市部にはふれない態度に終始している。東京市部に虐殺がなかったわけではないのに、このようなことが可能だったのは、下谷、本郷、牛込、小石川、麻布、赤坂、芝、四谷、麹町、神田、日本橋、京橋などの区域への外国人の視察を恐れた当局が、死体の処分をもっとも早く終らせる処置をとり痕跡を残さないように努めたからである。この地域が横浜同様に被害激甚だったことは、この措置を効果的にしている。

もし政府発表をうのみにすれば、警視庁は被害者が一名もいなかったのに、「自警団武器ヲ携エテ鮮人ヲ迫害スルモノ挙テ数ウ可カラズ」(日比谷署)、「鮮人ニ対スル迫害到ル所ニ起ル」(四谷署)、「春日町、指ヶ谷、掃除町方面ノ如キ狂暴特ニ甚シ」(富坂署)と自警団の狂暴迫害行為を記したことになる。

表⑤の諸新聞の報道は著者が金、吉野両調査の参考に資するため当時の新聞の朝鮮人殺害記事を収録し、場所日時の一致を求めながら配列整理したものである。しかし、朝鮮人虐殺問題の記事が解禁になったのは、一〇月二一日以降に属し、この頃はすでに大略の死体処理も終り、自ら恩賞を申請した自警団員も送検した後のことであり、したがって、一部を除いて新聞社独自の調査開拓などありえず、ほとんどが政府のいう罪状顕著なものが報道されたにすぎない。しかし、政府の新聞統制は全国画一的には行なえなかったらしく、有力地方紙は地震後しばらくの間は避難民の目撃談などを掲載している。この目撃談を整理すると、若干の補強材料にはなりうるものがある。

また注意すべきは、報道解禁後も一紙が関東一円の虐殺を全面的に掲載することはなく、むしろ地域別に重点のおきどころをかえ、少しでも事件の矮小化をこころみている。それゆえに数紙を比較対照しなければならない。

五つの表はこうした経過によってつくられたが、一覧してその地域人員にあまりに相違があるのに気づくであろう。それは調査の立場によるが、主な理由はすでにのべた、日本当局のあらゆる角度からの事件隠蔽化工作にあったのである。たとえば、九月四日臨時閣議で「不逞鮮人の屍体は軍隊の手で焼却」の方針がとられ、「死体を三百人位山と積むと近衛三連隊の兵士がそれに爆発物を入れて一間位の導火線をつけて爆発せしめ」わざわざこなごなにして焼却したり、各地の死体を憲兵隊、警視庁のトラックにのせ、被服廠跡その他に運び、殺害者を一般焼死者と混同してしまったからである。このため、被服廠跡の死体数は急激に増加したといわれる。

いずれにせよ、最低二三三人から最高六四三三人までいちじるしくちがっており、どれが正しいか確実なきめ手はない。しかし、震災前の朝鮮人労働者は「東京だけでも一万二、三千人も居った」といわれ、警視庁も「震災当時在京せし鮮人数その詳細に其状況を知り得るもの六千五百ありしも前記の外尚五、六千の鮮人在京せしものと認め」ているから、この数字はそんなに根拠を欠いたものではないし、神奈川を含めて二万弱というのは正確に近い。

それが徹底的な朝鮮人狩り、総検束を行なった結果、東京在留関係者の逮捕されたものが六千三、四百人なのである。神奈川を含めても八千五、六百の線をでないし、関東一円に広げても一万一千名に達しない。かりに関東地方の震災前の居住者二万名を規準にすれば、九千名もの人間が所在不明になっている。なかには厳重な警戒をくぐって他府県に脱出したものもいるし、最後までかくまわれていたものもいるであろうから、九千名が全部行方不明というわけではないだろうが、いかなる官憲の証明といえども絶対に移動を禁止する措置がとられていたことを考えれば、金承学調査の六千名の被害者数の算定はかなり実数に近いものと思わざるをえない。このほか、若干の日本人とくに沖縄人と二百名弱の中国人がまちがって殺されたことをつけ加えておきたい。

Ⅷ　自警団の検挙

自警団員の使用した武器

自警団の「活躍ぶり」

戒厳権力の充実化に比例して戒厳当局の朝鮮人対策が無差別虐殺から「良民」「不逞」の選別へ、さらに「善悪」を問わず迫害禁止するなど変遷したが、このような推移を反映して、官憲が権力の補完に利用すべく動員した自警団勢力への対策もまた変遷せざるをえなかった。

自警団はその設立以来未曽有の大惨事に対処して、「中々善く努めたもので随分殊勝感心なものがある。蓋し、古来五人組制度や又隣保相助の遺風の存する為であろう」の評価にみられるように官憲の期待にこたえた活躍ぶりをみせたのであるが、いまいちどその行動を素描すると、次のようである。

火付盗賊改めから賞金首かせぎの死刑執行人といった形容がぴったり適合するであろうか、思慮に乏しい向うみずな連中が、在郷軍人や地方ボスに督励され実戦の経験のある気の荒い若者をひきいて暴れ回るさまはなかなかすさまじいもので、かれらのために朝鮮人がいかなる犠牲を払ったかは前章でくわしくのべたが、その蛮行が朝鮮人にとどまっていなかったところに問題が生じた。一般日本人が誤認されて受けた被害を知るためにいくつかの例をあげておこう。

渋谷の千駄ヶ谷で自警団員に朝鮮人と誤認され、命拾いをしたのが、千駄ヶ谷のコレア、すなわち千田是也氏の芸名のいわれであることはつとに有名な話である。このような例は随所にみられた。ある学生は「血刀槍の包囲実に二三回」の検問をうけたことをのべ、訊問は「はじめから親の恨思い知れてな物凄い形相で数本の槍を胸につきつけ乍ら今迄通りの質問から一円五十銭と言ってみろ、も少し早くもう一度と入りかわって五人に同じことを調べられ名刺は証拠にとっておくと奪われました。そして最後の判決はどうも怪しいというのでした」（専修大学『震災記念号』）とその体験談を語っているが、人によっては「これ日本人なり〇〇〇警察署」と書いたのをぶらさげて歩く（宮武外骨『震災画報』）のを目撃した人もいる始末であった。

また、昂奮逆上したもののなかには、「将校の制服を着けた朝鮮人が入ったから真の将校でも差支えないから捕縛」しろと命じたり、将校または軍人の操縦する車に「自動車止レ」と命じ問査し、負傷させるような事件も発生した。自警団員桑原虎蔵らが内務大臣の後藤新平の車を止めた話や首相山本権兵衛の車の前面に棍棒で打ちかかった自警団員の行動にその一端を読みとることができよう。往来は自警団発行の通行証がないと通れなくなった。危害を加えられるからうかつに外出もできなくなった。ところによっては自警団の勢力が強く、警察も圧倒されていた。

しかし、こうした自警団の行動もそれが官憲の意図と軌を一にしているかぎりは許容称讃された。自警団設立者のある一人は、この自警団に結集した日本国民を「大国民の襟度」とし、「若し支那や朝鮮であったならば至る処号泣叫喚混乱喧噪を極め、到底収拾し得ざる場面を呈したであろう」とし、「卓絶異常」なる国民性の真核と称讃してやまなかった。換言すれば、自警団が異民族迫害に一種の使命感を付与されているときは、戒厳権力注視の中での公然たる殺人も許容され、ゆきすぎも不問にされたのである。

ところが、官憲の方針に若干の変化がみられた九月三日以降、「却テ保護ノ必要ヲ感ジ」た官憲と極度に逆上した一部自警団の行動とは明白な齟齬を生じてきた。いわば薬のききすぎた自警団は「保護」の必要を容易に納得しない。官憲が朝鮮人を「保護」連行しようとしても、自警団が身柄を引きわたさないばかりか、官憲自身が身の危険にさらされることも生じた。自警団の鎮静化には慎重な根まわしが必要となったが、それがどのように具体化したのか、経過を追ってみると次のようである。

九月三日午後、戒厳司令部から自警団の中核となった在郷軍人会に次のような注意事項がだされていることに注目したい。

一、戒厳令ヲ布告シ軍隊ヲ配備シタル場合ニ在リテハ在郷軍人会ガ団体トシテ分会又ハ各種学校ニ払下ゲアル銃及銃剣ヲ使用スルコトハ穏当ナラズ

二、在郷軍人会ノ警備ニ関シテハ後日関東戒厳司令官（福田大将）ノ区署ヲ受ケ警戒部隊ト連繫シ其ノ任務ニ服セシメラルル筈ナルヲ以テ今ヨリ之レガ連絡ニ努メ置クヲ可トス

（「麻布支部臨時」第二号）

注意事項から、官憲は自警団成立の当初から民衆の武器携帯の認許は戒厳権力の充実までの暫定的措置であり、武装民兵のもつ危険性とくに民衆の怒りが権力にたちむかったときの恐れを意識していたこと、そのためできうるかぎり早い時期に武装民兵をその統制下に確実に掌握せねばならぬと考えていたことを読みとることができよう。

しかし、それをいつ実施するかは「朝鮮人暴動事件」の始末とのからみあいをともなうもので、その点九月三日の注意事項は、官憲の朝鮮人選別への転換をうらうちするものであった。二日以来の武装民兵の力量は朝鮮人への排外性に十分利用できたが、官憲の朝鮮人「敵視」がそのまま維持できず変化した以上、そのために武装した自警団の力量を別のはけ口に導かないかぎり、第二の治安問題として登場してくることを意味したのである。

軍事力の展開が自警団の武装の必要性を消極化した以上「戎凶器ヲ携帯セシムルハ避難民相互ニ於ケル争闘殺傷其例頻々トシテ弊害尠カラザル」事態につながるとし、以後官憲の統制下に服すべく「今ヨリ之レガ連絡ニ努メ置ク」ことをもっとも自由に駆使できる在郷軍人会に要望したことに官憲の細心の対策がうかがわれるであろう。

おりにふれてこれまでのべてきたことであるが、官憲は在郷軍人会、青年団を自警団の中核として重視し、軍隊は在郷軍人会を、警察は青年団を主に掌握し、指示通達により自警団を操縦し民心を収攬していた。

九月三日の自警団対策の伏線を明確化したものは、九月四日の臨時震災救護局警備部打合せ、および同日午前の「人民自警団ノ取締ニ関スル」次の決定であった。

一、自警団ハ警官及軍隊ニ於テ相当ノ部署ヲ定メ之ヲ其ノ指揮監督ノ下ニ確実ニ掌握スルコト

二、自警団ノ行動ハ之ヲ自家付近ノ盗難火災ノ警防等ニ限リ通行人ノ検問抑止其他権力的行動ハ一切之ヲ禁止シ、勢ニ乗ジテ徒ニ軽挙妄動スルガ如キハ厳ニ之ヲ禁遏スルコト

三、自警団ノ武器携帯ハ之ヲ禁止シ、危険ナキ場所ニ領置シ置クコト、尚漸次棍棒其他ノ凶器携帯ヲ禁止スルコト

四、自警団ハ廃止セシムル様懇諭シ可成急速ニ廃止セシメ便宜町内ノ火災盗難警戒巡邏ヲ許スニ止ムルコト

（『東京震災録』）

右の四点の取締案は官憲が自警団を両刃の刃と意識したため提出したのであるが、両刃の刃の危険性を十二分に承知していた官憲の四項目実施にあたっての配慮は慎重そのものであった。自警団勤務の検問所に警官、兵士を投入し、自警団を任務から解放し、その一方で軍隊の威力を誇示し、なしくずしに自警団の矮小化、夜警グループ化を推進した。また武器の携帯禁止も銃砲刀剣取締令に違反する戎器の範囲にとどめ、押収も民衆の自覚に訴える方法により、「勢力侮るべ

からざる」自警団の狂態をはばかって、可能なかぎり刺激を避けつつ牙を抜くよう努力した。

在郷軍人会への注意事項

またこの時にはじめて自警団の武装解除の理由に「朝鮮人襲来」の消滅をあげ、逆に朝鮮人の「不穏行動につき殊更に風説を為すものは厳重取締」ることに言及しだした。一方、警視庁はこの日以降「管内全般ニ亙リ在郷軍人会、青年団員ノ一般的傾向及ビ各個ノ言動性質等ニ就キ詳細ナル内偵ヲ」開始した。こうした事前の慎重な工作は、鳴物入りで「朝鮮人暴動」を吹聴し、その危険を誇張しておきながら、それは事実でなかったと否定したことへの多少のうしろめたさと武器とりあげを一気に強行したときの自警団員の過激な反動をみこし、一面で朝鮮人に対し、なお残る「不逞」の疑念を「万違算ナク」払拭するために、なお自警団を解散させる措置はとれなかった、どうしても微温的な処置しかとれなかった官憲のジレンマが反映している。

ここで再び在郷軍人会にだされた次の希望事項に注意されたい。

「鮮人来襲ノ如キ事実ハ虚報ナルコト確メ得タル以上ハ武器携行ノ要ナキモ若シ警備隊ノ保助者トシテ武器携行ノ必要アル場合ハ憲兵警察ノ了解ヲ得、其他警備隊ノ証明ヲ受クコトニセラレタシ」(「麻布支部臨時」第七号、九月五日)。官憲は民衆の反朝鮮感情の象徴である武器を一挙に押収できなかった。困惑した官憲は、自警団を官憲の補助員として、武器を管理掌握する苦肉の策にでたのである。九月五日以降「自警団に許認可制を導入し、許可した自警団には許可証を交付し、白地に警視庁許可〇〇自警団と記した布片を左腕に纏わしめ」権力無視の自警団と区分識別したことは注意事項の具現であった。

朝鮮人敵視の緩和、「保護」政策への転換と自警団の統括規制の両面のバランスをとった軌道修正以外に官憲のとるべき方法はなかった。

首相山本権兵衛は九月五日「今次の震災に乗じ一部不逞鮮人の妄動ありとして鮮人に対し頗る不快の感を抱く者ありと聞く、鮮人の所為若し不穏に亙るに於ては速に取締の軍隊又は警察官に通告して其の処置を俟つべきものなるに民衆自ら濫に鮮人に迫害を加うるが如きことは固より日鮮同化の根本主義に背戻するのみならず又諸外国に報ぜられて決して好ましきことに非ず、事は今次の唐突にして困難なる事態に際会したるに基因すと認めらるるも刻下の非常時に当り克く平素の冷静を失わず慎重前後の措置を誤らず以て我国民の節制と平和の精神を発揮せんことは本大臣の此際特に望む所にして民衆各自の切に自重を求むる次第なり」との告諭をだした。

「事は今次の唐突にして困難なる事態に際会したるに基因す」とあるように、この時点までの官憲の自警団への対応は、相手が朝鮮人である限りは諸種の犯罪もまことにやむをえない、常軌を逸した行動も戒厳令の趣旨に対する善意の誤解であり、多少の欠点、まちがいもまた往々にあることでとがめだてするほどのことはない、ことさら非常時を強調することにより平静の行動を求むる方が無理であるとの判断があったようである。

自警団の蛮行

しかし、九月四日以降、埼玉、千葉、群馬などの地方に続発した一連の自警団の蛮行の内実は、官憲の無責任な通達や警官の黙認のもとに行なわれたものであったが、官憲の「護衛」を無視し、または警察構内に集団で乱入し、拘禁朝鮮人を引きだし惨殺していたことも事実であり、モッブ化した自警団が権力への集団的挑戦を敢行した側面をもっていた。

また東京、横浜では戎器携帯が禁止されても内々で持って歩く者は少なくなかったし、依然通行人の人相を誤認したり、言葉の不明瞭なものに対する粗暴なふるまいは続発し、一般民衆の反感と不満もつのっていた。「自分の身を保護するに自分の武器を持って歩くのに誰の許可のへちまのという必要があるのか」といった権力無視の威勢のいい職人たちが「警察又ハ官憲ト衝突ヲ醸」し意思の疎隔を生ずることがあとをたたなかった。

官憲は自警団の行動が官憲の意図を確実に逸脱した以上、人殺しを見物しているわけにはいかなくなった。権力を無視し、「無益で遺憾な」徘徊を続けた自警団取締りが日程表に登場してくるのである。

しかし、自警団検挙の方針が具体的な決定をみるのは、九月五日の朝鮮問題に関する協定の成立以後のことに属する。この協定は権力犯罪全体の隠蔽を画策したものであるが、ここで自警団の常軌を逸する行為が「奇貨」とされ、目に余る「無知低級ノ僅少ナル住民」への司法権発動が官憲犯罪転嫁の絶好の機会として利用されるのである。

だが、自警団の組織と動員に対して官憲の責任が否定しえぬ以上、また、かれらに弁論の機会がある以上、かれらが官憲の責任を追及すれば、なにがとびだすかわからない状態であった。対策は慎重のうえにも慎重をかさねて練られた。一歩も誤ってはならなかった。

そのため当局は九月六日以降「警察署において管内有力者を招致し自警団を住居地近傍の夜警等に止めしむること、青年団等の労力を他に転換せしむること」などの協議を継続開始する一方、九月六日に左記犯罪はとくに迅速厳重に措置されるはずであるとの内報を在郷軍人会に通報した。

一、皇室に対する罪
二、内乱外患又は国交に関する罪
三、静謐又は信用を害する罪
四、官吏瀆職の罪
五、殺人傷害脅迫の罪
六、擅に人を逮捕監禁する罪
七、強盗放火失火溢水の罪

八、家屋物品を毀壊する罪
九、哨兵に対する暴行脅迫又は侮辱の罪
十、軍用物損壊の罪
十一、哨兵を欺き又は其の制止に背きたる罪
十二、軍事に関し、造言飛言を為したる罪
十三、治安警察法出版法等違反の罪

内報は、協議の対象にえらんだ管内有力者や「率先武器ノ使用ヲ止メ青年団に好模範ヲ垂レタルトコロアリ従テ在郷軍人ハ秩序アル団体トシテ警察其他ノ官憲モ等シク之ヲ是認シツツア」る「妥当ナル自警振リ」の人びと、すなわち「愛国心」や「公共心」を発露した者がかえって罪に問われては気の毒に耐えないとの配慮にほかならなかった。一方、官憲から罪状不問を耳うちされた救済該当者が、一部尖鋭分子を孤立化させ、その逮捕を容易にし、送検、人殺しの汚名を一身に引きうける自警団員の選定を促進した。また民間側の証拠湮滅、事件の矮小化がすすめられたといってよいだろう。

こうして、戒厳司令部陸軍司法事務官は、九月六日司法省刑事局長を訪問し、犯罪検挙の方針を打合せし、「各部隊から口頭又は書面により地方検事局の犯罪捜査のいとぐちになる事項の資

料を提供するなど準備をすすめた」(『東京震災録』)。一方、警視庁も同日、「望月庶務課長ヲシテ各署管下ニ於ケル殺傷事件ノ被害調査ヲ岩藤鑑識課長ヲシテ各所ヨリ蒐集セル証拠品ニツキ厳重ナル鑑識ヲ行」(警視庁『大正大震火災誌』)ない、相互に資料を交換するなど、捜査検挙の気配をみせだしたのである。しかし、臨時震災救護事務局内に司法事務委員会を設置し、司法省刑事局長主宰の第一回会同がもたれたのは三日後の九月九日であった。

殺人事件に対し事件発生後旬日近くも放置した奇怪至極な措置のうちには、こうした複雑で卑劣な取引がかくされていたのである。

九月一一日、司法委員会第二回会同の決定は次のとおりである。

一、今回ノ変災ニ際シ行ワレタル傷害事件ハ司法上之ヲ放任スルヲ許サズ、之ヲ糾弾スルノ必要ナルハ閣議ニ於テ決定セル処ナリ然レドモ情状酌量スベキ点少カラザルヲ以テ騒擾ニ加ワリタル全員ヲ検挙スルコトナク検挙ノ範囲ヲ顕著ナルモノノミニ限定スルコト

二、警察権ニ反抗ノ実アルモノノ検挙ハ厳正ナルベキコト

三、検挙ノ時機ニ就テハ慎重ニ定ムルヲ要シ現今ハ人心安定セザルヲ以テ直ニ着手スルコトナク唯証拠ノ保全ニ力メ検挙ノ開始ニ就テハ検事ハ司法省ノ指揮ヲ待チ行ウコト

四、検挙ノ時機ハ各地方ノ情況ニヨリ異ナルベキモ東京及横浜ヲ除キ其他ノ地方ハ同時一斉ニ始ルコト

五、検挙ニ対スル準備トシテ警察力ノ恢復ノ為警察ニ保護中ノ鮮人ヲ其地ニ取纏メ保護スル方法ヲ取ルコト
六、鮮人等ノ不逞行為ニ就テモ厳正ナル捜査検察ヲ行ウコト

（『東京震災録』）

検挙以前から「情状酌量スベキ点少カラザル」としたこと、また人心安定のためと称し、ことさら看過できないものに限るなど、それだけでも不正の公認というほかないが、「東京及横浜ヲ除キ其他ノ地方ハ同時一斉ニ始ルコト」の一項に隠蔽工作は集中しているのである。

すなわち、東京、横浜以外の地方は被災地と離れており震災のどさくさとは切り離された独自の事件の性格をもっていたため、なによりも隠蔽工作が困難であったこと、また自警団が警察権力に対し一定の侵害をしたという二点が相違していた。このことは逆に東京、横浜はできうる限り隠蔽し、忠実な自警団員をできうる限り救済したいという面があることを意味したのである。検挙をただちに着手することなくとは証拠物件を消滅させよということそのものなのである。

「下層細民」が犯人

こうして、九月一七日から東京、九月一九日から群馬、埼玉、九月二〇日から横浜、千葉などで自警団員の検束がはじまったが、重要なことは東京、横浜が比較的早期に検束に着手しながら

検事総動員の大量検挙に踏み切ったのは一〇月一日以降といううけげんに耐えぬ処置にでたことである。個々の構成員は異なるとはいえ共通の土台をもつ事件であるからには一斉検挙が捜査の常道であるのに、必要以上の長期間にわたる検挙が、検挙の予告となり犯罪痕跡のくらましを示唆したものといわれても、弁解の余地はないであろう。

また、各地で刑事処分にされた事件の件数が資料によって異なるのも不思議である。

すなわち、吉河光貞の「回顧」によれば、総数一三九件、検挙人員七三五名、警保局一班によれば一一月末起訴六〇四名などが記されており、『東京震災録』は検挙件数東京市一三〇〇件、送局二九六名、神奈川県一七三〇件、送局九八九名、埼玉県送局一三四名、千葉県送局一一四名、群馬県送局二〇名とあるが、いずれが正しいかわからない。数字がすべて殺人罪の起訴を意味するものでなく、窃盗、横領その他の犯罪もあったことをつけ加えておく。

しかし、数字が朝鮮人虐殺事件の一部にすぎないことは、これまでのべてきたことからも推察されようが、東京、横浜などでは官憲の意向にさからって最後まで凶器をふり回した連中が結果的にめぼしい検束者となり、官憲犯罪のかくれみのとなった。

各地で裁判を受けた人たちの職業別統計を検討すると、鳶職、桶屋、馭者、人力車夫、火鉢屋、足袋職、行商、日雇など、ほとんどがいわゆる「下層細民」に属する人びとであることがわかる。米騒動のとき政府批判の先頭に立った立役者たちが、朝鮮人虐殺の下手人になっているのである。おのれ自身搾取され、収奪され、日本の歴史に米騒動を印刻した人びとが、自分たちの受けた差別へのうっせきした怒りの刃をよそものにむけたことで解消したのである。これは日本帝国主義が植民地を獲得したことの盲点であり、植民地制度によってさずけられた特権であった。特権の上にたって、自分たちよりもう少し貧弱で、もう少し圧殺されている存在を見下して安心したのである。朝鮮人は軽蔑し圧迫するに適当な集団とみられたのである。

またこれと経過はちがうが、埼玉、千葉、群馬などの地方で検挙された人びとも、地域社会で「〃生活上欠陥〃のある〃気の毒な人たち〃」（三原令「埼玉関東震災の証言」）で、いわゆる「下層民」がえらばれたことはあきらかである。都市型とちがうのは、農民、漁夫などが付加されただけである。

かれらが地域内で調整されて差しだされる過程は「当時村の者が総出でやっちゃったわけなんですが、俺がやったと名乗りでる人がいないと困るので強制したわけじゃありませんが五人ばかり犯人をだしました。裁判にもなりましたけれど……ずいぶん未決のときさし入れなどして大さわぎしました」（高橋武男の証言『かくされていた歴史』）との証言であきらかであろう。ここでも凶行直後警察署に出頭して恩賞を要請した無知蒙昧の徒が、町の旦那衆の罪を一身に背負わされたのである。

熊谷町の例を一つだけあげておこう。

「ともかく熊谷町の安寧等につとめてくれたというので、これらプロレタリヤの被告諸君に二人の町営弁護士をくっつけてあるのみならず、当日は特に町の助役までが法廷に出馬に及んで傍聴人に入廷許可証を与える騒ぎだ。△もう一つおまけに三〇銭なりの昼飯のごとき一行の会計係がこれを支払い、その他往復の回数券まで他人まかせだ。△何しろ白州からお呼びだしをうけても着て来る衣裳がないため柱時計を質に入れて木綿羽織を引かけて来たという程のプロレタリヤ諸君の事だから費用一切の他人まかせは嬉しいだろう。けれどこれではまるで〃熊谷町営の刑事被告人〃のようなものだ」(「東京日日新聞」大正一二年一〇月二四日)

このほか村を代表した「受難者」に裁判費用のいっさいを負担することを村議会が決議したところ、町内の各戸から寄付金をつのり費用を弁じたところ、傍聴人の面倒見から被告の家計費の補助をした役場などあり、「身代り被告」「町村経営被告」「寄付被告」などの新語が新聞をにぎわしたことに因果を含められた被告らの姿をみることができよう。権力をもつ者はのがれ、ないものは捕われ、過誤失錯でも査問された。免れて恥なしとは権力者のためにある言葉である。

奇妙な裁判

官憲は自警団員が処罰に値するから罰するのではなく、処罰した事実を得るために断罪しようとしたにすぎなかったから、こうした慣れあいは十分承知であったし、処罰の意思も本来なかったにちがいないが、自警団の幹部、行動右翼、町村長などが自警団員の罪に比べて「人殺しにまで逆上させた宣伝役を今なお縛らないのはなぜか」「一段と油をかけて逆上させ後で縛るなんて芸は都下の警察ではやるまいな」「県知事は恥知らずの標本」「内相の責任重大」などと騒ぎ、牽制の詰問状を発し、「死を賭しても汚名を雪《そそ》ぐ」とすごむたびに「厳正な司法権」はあわれにもゆれうごいたのである。

自警団員の行動は「一面からみると町村の治安に任じたということにもなり、一度び検挙されるや各町村は一切の費用を支弁し、弁護士などを雇ったくらいであるから若し裁判の結果精々執行猶予位のものと考えているところに処罰にでも処せられんか、被告らはやけになって連累者を一切さらけだしてしまうかも知れぬ」(「東京朝日新聞」大正一二年一〇月二三日)ことを恐れながら進行した、不正矛盾の集積した醜悪な裁判であった。

「裁判もいいかげんだった、殺人罪でなくて騒擾罪ということだった、刑を受けたのは何人もいたがほとんど執行猶予で、つとめたのは三、四人だったと思う。私も証人として呼ばれたが検事は虐殺の様子などつとめてさけていたようで最初から最後まで事件と立合っていた私に何も聞かなかった。そして安藤刑事課長など私に本当のことを言うなと差し止め、実際は鮮人半分、内地人半分だったと証言しろ、それ以上の本当のことは絶対に言うなと私に強要した、私も言われた通り証言した」(元本庄署巡査、新井賢次郎の証言『かくされていた歴史』)

裁判状況をものがたる証言の一つであるが、当時の新聞記事を読んでも、法廷ではぬるま湯につかっているような論議がかわされ、裁判官、被告の間で談笑風景まであった。裁判官が事実の究明をしようとしないことは証拠採用にあたっても、たとえば凶器のようなものも血のりの付着したものに限るなどの怠慢さで、証拠調べを軽視し、本人の自白だけで「多数ノ殺傷ヲ為シタルモノ等ニ至リテハ犯罪ノ事実ヲ確認シ犯人ヲ探明スルコト最モ困難ナル」事件に描こうと腐心したことは明白である。

結果はどうか。裁判はいずれも自警団の要求「自警団の傷害罪は悉く之を免ずること」「過失により犯した自警団の殺人罪は悉く異例の恩典に浴せしめること」を容れた猿芝居に終り、ほとんど全員無罪または執行猶予付になっている。ただ警察官の司法権侵害の罪を加重されたものに例外的に実刑があっただけである。

松尾尊兊氏は、大正一二年一〇月一日より翌年二月末日までの法律新聞により次の事実を紹介している。すなわち、一二件、一二五名の被告中無罪二名、執行猶予九一名、実刑三二名、そのうち最高刑は四年（二名）にすぎない。そのうえ、これらの実刑被告の多くは翌年一月二六日、皇太子の結婚の際の恩赦を受けており、実質収監は三ヵ月余にすぎなかったのである。そればかりか、事件の余燼の収まった大正一五年にはこの立役者たちの功績に叙勲が行なわれ、恩賞が与えられたのである。ここにきわまった不正の公認を、水野錬太郎の次の談話でしめくくっておくのもむだではあるまい。

「……此の大惨事に際し非常に動揺したる人心の状況に鑑むれば之亦止むを得ないものがある……少しく誇大に言えば当時の状態は戦時状態とも云うべき有様であった。真にその敵の良否を判別する暇がなく為に今日に至っては其の行動は不定非法の行動と認めたるに至ったのであろうと思わる。其善良なるものに就て之を見れば彼等は道徳上不良の行為を為したりとの観念になく、寧ろ国家若くは同胞の為めに犠牲的行動をなしたりとの観念に出でたるものと思わるゝ節もある……其真意は寧ろ諒とすべきものがある……」（「自警」第五一号）

三・一人民蜂起の際に、植民地官憲が朝鮮人民に加えた苛酷な弾圧を思いだしていただきたい。そして日本人同士の対立であった米騒動に死刑の判決があったことを考えていただきたい。単純に犠牲の多いことを強調するつもりはないが、同じ権力の暴虐でも、比較にならぬ朝鮮人、日本人の命の価値の落差こそ、人に人権がなく、国に独立がない時代の朝鮮人民の背負った歴史の重みだったのである。

Ⅸ　社会主義者の問題

甘粕大尉の裁判

社会主義者の登場

誤算から予想外の重大な過失を引きだした官憲は、その彌縫策に狂奔しだした。九月三日以降の一部自警団切捨てと責任転嫁策はその一環であるが、朝鮮人虐殺の隠蔽はそのような小細工ですむものではない。当局はより高度な政治的な陰謀を演出しだした。

九月三日以降、官憲が朝鮮人流言の否定にかかったとき、「一部不逞鮮人の妄動ありたるも、今や厳正なる警戒に依り其の跡を絶ち、鮮人の大部分は順良」という一部肯定、一部否定のあいまいな訓示をだしたことを想起されたい。この肯定の部分にあたらしい流言を接着させ、虚構を固執し、合理化しようとのあがきをみせだしたのである。

九月一日、地震直後に「社会主義者および朝鮮人の放火多し」との流言があったことを紹介し、その際階級問題と民族問題をペアにした流言の発生に素朴な疑問をはさみ、きわめて官憲的発想であることを指摘しておいた。もし、社会主義者の流言を一般民衆が「朝鮮人暴動説」と同じ比重で危険視し、受容する条件があったなら、朝鮮人流言と同じ規模で流言は拡大したし、自警団の社会主義者迫害事件もまた起ったことであろう。

ところが、流言は急速に消滅し、九月一日、二日、三日に流布があったとはみられない。官憲や自警団の社会主義者迫害事件もなかったのである。

自警団は近隣の者同士の互助組織であり、日頃の交際を通じ、相互にあそこは社会主義者であり、この人は労働組合員であるなど素性は十分承知されていたのであり、十五円五十五銭の発音を強要して分類してみる必要はなかったのであるが、それでも社会主義者が危害を加えられたことはなかった。

このことは一般民衆が、まだ幼かった日本の社会主義運動を危険視しなかった反面、社会主義者の多くが、率先自警団に参加し、棍棒もって夜警に従事し、共通の敵を求めて徘徊した誼も反映しているのである。

しかし、戒厳司令部の朝鮮人対策の転換をみた九月三日以降、流言から欠落したかにみえた社会主義者は官憲の独自の敵視対象として再びクローズアップされてくる。

官憲、とくに軍部の一部が社会主義者の行動に不快感をもち、震災、戒厳令のどさくさにまぎれて目星をつけた者をやりだまにあげようとの衝動をもっていたことは、「あの時は社会主義者をやっつければ出世出来るとわれわれ仲間はみな思っていたのだ」（山川菊栄『女二代の記』）という話や、甘粕大尉の大杉殺害行動にみることができるが、官憲は朝鮮人流言に社会主義者を貼りあわせることが隠蔽と合理化の一石二鳥の意味をもち、世論の機先を制することを知った。

第一師団長石光真臣が、九月三日午後四時隷下各団体に「不逞鮮人ノ動作ニツイテ計画的ニ不逞ノ行為ヲナサントスルガ如キ形勢ヲ認メズ、鮮人ハ必ズシモ不逞者ノミニアラズ之ヲ悪用セントスル日本人アルヲ忘ルベカラズ此ノ両者ヲ判断シテ適宜ノ指導ヲ必要トス」と訓示したことを思いだしていただきたい。石光は同日別の訓示で官憲の努力で朝鮮人流言の鎮静化したことをのべ、「尚今後主義者ニ乗ゼラルルコトナク人心ヲ安定セシムルコトニ努力ヲ望ム」と軍隊と国民の連繫、相互信頼に絶好の機会であると結んだが、二つの訓示はわかちがたく社会主義者を想定したものであり、社会主義者を「悪者」煽動者にしたてあげて、朝鮮人の「妄動」に根拠をすえ、真実性を補強し、流言を国民に納得させる反面、社会主義者が官憲の大失態をとらえ、真相の糾弾にのりだすことを警戒し、先制攻撃をかけたものであった。「主義者ニ乗ゼラルルコトナク」の表現にその意図をみることができるだろう。批判勢力、社会主義者を朝鮮人暴動と一体にして「正義の味方」の資格を剝奪し、民衆を切り離そうとしたのである。

九月三日、警察が「不逞の徒」にあらずと証明した下戸塚の長白寮（朝鮮人寮）の在住者全員、諏訪鉄道工事場の二十余名を、軍隊が「社会主義者との連絡通謀の事に対し疑を懐き」検挙したことは、官憲の「鮮人」社会主義者一体視の意向を行動化したもので、社会主義者受難のまえぶれであった。

箝口令を徹底するもっとも効果的な措置は身柄を検束することである。身柄検束で批判者の口を封ずる一方、朝鮮人を煽動したなどの適当な犯罪をはりつけて国民の目をごまかすことができれば隠蔽と合理化をもくろむ官憲にとって一挙両得、これにまさるものはないだろう。

こうして九月三日午後一〇時以後、南葛労働会の川合義虎ら一〇人の社会主義者がいっせいに検挙され翌四日にかけて虐殺された。官憲は市ヶ谷刑務所に収監されていた徳田球一、堺利彦、渡辺政之輔、猪俣津南雄などの身柄まで引渡せとおそいかかった。震災下社会主義者の受難の幕はこうしてきっておとされた。

朝鮮人の背後に社会主義者

検束の理由は、社会主義者が「震災当日より盛に革命歌を高唱するのみならず故意に鮮人襲来の噂を流布し、或は斯る際に井戸又は水道に毒薬を投下せり」云々と、流言の発生源までかぶされ発表された。死人に口なしとはいえ健全な言論活動があれば、こうしたこじつけ、あてこすりがいえるわけはない。官憲はこじつけを効果的に維持するため、九月三日、次のような警保局の警告書を言論機関に交付した。

「朝鮮人ノ妄動ニ関スル風説ガ虚伝ニ亙ル事極メテ多ク、非常ノ災害ニ依リ人心昂奮ノ際如斯虚説ノ伝播ハ徒ニ社会不安ヲ増大スルモノナルヲ以テ朝鮮人ニ関スル記事ハ特ニ慎重ニ御考慮ノ上一切掲載セザル様御配慮相煩度、尚今後如上ノ記事アルニ於テハ発売頒布ヲ禁止セラルル趣ニ候条御注意相成度」

言論統制は一見流言抑圧措置のようにみえながら関係記事の「一切掲載」を禁ずるところが根

本趣旨であり（松尾尊兊、前掲書）、批判の禁止に真意があったことは明白である。もし、万一誤報、虚伝の記事をおそれるならば、流言を否定する自由な言論活動こそ保障されてしかるべきであった。新聞が独自の機能を失って官報化すればするほど、その空隙を埋める流言が蔓延するのは常識である。朝鮮人流言の一部肯定、社会主義者狩り、新聞の言論統制が九月三日に出揃うのは偶然の一致ではない。事件の隠蔽と合理化を狙う、しくまれた官憲の三重奏そのものであった。

一つの例によって説明しておこう。

アメリカの「アソシエーテッドプレス」の通信員は、九月四日付「震災地域に於て朝鮮人の暴動、日本人に対する虐殺準備に関する風説は盛なるも全然根拠なし」と書いたが、記事は検閲の結果「右全部削除」となった。また、「ロンドンタイムズ」は、「朝鮮人に関し多少の紛擾起りたるも世間流布の風説は頗る誇張に過ぎたり、市民が徒に恐怖の念に襲われたる結果、官憲の承認なくして虚妄の風説に基き個人に対し暴力手段を採りたるものあり、被害者中には事実日本人たるものあると同時に無辜の者もありたり」と書き、右は検閲の結果「本文中に暴力手段を採りたるものありとあるを之が措置を講じたるものありと訂正」されたのである。

権力が真実に近い報道ほど禁止し、虚偽をふりかざしたことを発見するであろう。

船橋の海軍無線送信所は、九月四日から「邦人社会主義者の一団船橋電信所破壊の目的を以て今朝東京を発せり……右状況を判断するに鮮人と称するは彼等のみにあらずして主義者と所謂連合軍なり」などの電報を全国にまきちらしだした。

こうして口封じと弁解のために創作した「朝鮮人の背後に社会主義者あり」の流言が広がり、真相究明の気運は遠くにおしのけられていったのである。

官憲は震災で居住地を離れた社会主義者の所在の確認に神経を注ぎ、監視と検束が日常化されていった。迫害も日をおって激化していった。

神道久三、木沢兼次、菊地藤吉らは九月六日巣鴨署に。森崎源吉、津端チエ、町田篁、浅沼稲次郎、桜井紀、平野学、古川時平、稲村順三、北原竜雄らは九月九日近衛騎兵連隊に。純労働組合村田常次郎は九月八日夜、藤村栄四郎は九月一八日にと次々に検束され、いつ殺されるかわからない恐怖の日をすごした。若き日の平林たい子も中野署に留置された一人の社会主義者であった。

こうした官憲の弾圧工作のなかで、とくに九月三日の朴烈、金子文子両名の検束は「鮮人の自業自得」を喧伝し「国体護持」の行動を合理化するスケープゴートの典型として忘れてはならない事件であった。

また甘粕大尉が「平素ヨリ社会主義者ノ行動ヲ国家ニ有害ナリト思惟シアリタル折柄、今回ノ大震災ニ際シ無政府主義ノ巨頭ナル大杉栄等ノ震災後秩序未ダ整ワザルニ乗ジ如何ナル不逞行為ニ出ヅルヤモ計リ難キヲ憂イ自ラ国家ノ蠹毒《トドク》ヲ芟除セントシタル」との動機から起った大杉栄、伊藤野枝、橘宗一の逮捕虐殺も、当然官憲の善後策との関連からうまれたものである。

また官憲はその意図に逆らうものは、それが自警団員であっても社会主義者のレッテルを貼り検挙の対象とした。九月五日警視庁は「流言蜚語ヲ為ス者ノ取締ニ関スル件」を指示通達し、そのなかで「全市ニ亙リ系統的ニ内鮮人間ヲ離間セントスル目的」をもち、依然朝鮮人流言を吹聴するものがあることを強調した。吹聴者は頑迷な自警団にほかならなかったが、かれらも社会主義の紅白粉《おしろい》をぬられたのである。「六日だか七日だか戒厳司令部の告示は流言蜚語を言触らしたものは社会主義者であると声明しておる」(「太陽」一一月号)のはその証拠といえよう。「軍服を着用し、在郷軍人を装いて自己の行動を瞞着するのみならず、虚説を捏造流布し、殊に此等の中に社会主義者の悪思想宣伝を図るありて在郷軍人に累を及ぼすこと甚だしき」ものがあるとの在郷軍人会の通達は、社会主義者すなわち「悪者」の「謀《はかりごと》の煽動《おだて》にのるな」「馬鹿な目に遇うな」という官憲当局の訓示を忖度したものなのである。

流言に陰影をつけ、少しでも真実にみせるために社会主義者と朝鮮人の「共同戦線」も各地に結成された。さきに山口正憲一派の検束過程の報道にその一端を紹介したが、九月五日「府下尾久町ニ於テハ不逞の徒約二十名主義者ト共謀シ、殺人強盗、掠奪ヲ白昼公然行イ婦女ヲ辱ムル等人心不安其極ニ達セリ、ココニ於テ連隊長ハ九月五日機関銃隊ノ一小隊ヲ隊長指揮ノ下ニ同地ニ派遣シ之ガ鎮圧ヲナササシム」(『東京震災録』)事件も同じ事例の一つであった。

官憲の隠蔽工作、合理化工作の意図をもっとも露骨にあらわしたのが、九月五日午前一〇時の臨時震災救護事務局警備部「鮮人問題に関する協定」であった。後世に公開されるとは思ってもみなかったものであるだけ、下劣さもまた赤裸々で、いわば官製「真相」の謎を解く鍵の役割を果すべき文献になっている。以下全文を引用しておく。

鮮人問題に関する協定　警備部

一、鮮人問題に関し外部に対する官憲の採るべき態度に付、九月五日関係各方面主任者事務局警備部に集合取敢えず左の打合を為したり。

第一、内外に対し各方面官憲は鮮人問題に対しては、左記事項を事実の真相として宣伝に努め将来之を事実の真相とすること。

従て、(イ)一般関係官憲にも事実の真相として此の趣旨を通達し、外部へ対しても此の態度を採らしめ、(ロ)新聞社等に対して、調査の結果事実の真相として斯の如しと伝うること。

左記

朝鮮人の暴行又は暴行せんとしたる事例は多少ありたるも、今日は全然危険なし而して一般鮮人は皆極めて平穏順良なり朝鮮人にして混雑の際危害を受けたるもの少数あるべきも、内地人も同様の危害を蒙りたるもの多数あり。

皆混乱の際に生じたるものにして、鮮人に対し故らに大なる迫害を加えたる事実なし。

第二、朝鮮人の暴行又は暴行せんとしたる事実を極力捜査し、肯定に努むること。

イ、風説を徹底的に取調べ、之を事実として出来得る限り肯定することに努むること。

ロ、風説宣伝の根拠を充分に取調ぶること。

（第三、第四、第五省略）

第六、朝鮮人等にして、朝鮮、満州方面に悪宣伝を為すものは之を内地又は上陸地に於て適宜、確実阻止の方法を講ずること。

第七、海外宣伝は特に赤化日本人及赤化鮮人が背後に暴行を煽動したる事実ありたることを宣伝するに努むること。（傍点著者）

官憲がこのような考えである以上、三日以降の朝鮮人流言の否定が不徹底で暴行を根絶させる方向に容易にむかわなかったのは当然であり、事実はこの方針で描かれたものとはまったく逆の位置にあったことはこれまであきらかにしたとおりである。また九月七日の緊急勅令第四〇三号「治安維持の為にする罰則に関する件」は治安維持法の前身として重大な意味をもったが、民衆に文字通り見ざる、聞かざる、いわざる状態をおしつけ「非望を逞うせんとする徒を取締る」運用細則をみるまでもなく、前記協定の実行と官製「真相」の創出にもっとも効果があった。

引用からとりあげたいのは、「海外宣伝は特に赤化日本人及赤化鮮人が背後に暴行を煽動したる事実ありたることを宣伝するに努むること」の一項である。この項目は流言のサークルを国際的に拡大したことを意味した。

すなわち「今日の不逞鮮人の行為の裏には社会主義者やロシアの過激派が大なる関係を有するようである。社会主義者の計画は支那人ならびに鮮人を煽動して不逞の挙動ならびに不逞の行動をなさしめ治安をみだし……官憲と人民とのあいだに対抗的勢力をつくらんことを策するいっぽう鮮人を煽動して不逞行為をなさしめ内乱暴動を全国的に波及せしめもって一挙に彼らの希望する極端なる民主政治を実現せんとたくらんだ」（「下野新聞」九月一二日）など革命教科書のような流言が権威者の解説として新聞紙上に発表されだし、「消息通」とか「たしかな筋」など、情報出所の権威付がなされた。

「鮮人」のかげにロシアの過激派という表現は、一九二〇年「間島事件」の第一報が、「馬賊中ニハ多数ノ不逞鮮人混入シアリ……本賊団ハ露国人之ヲ指揮セリ過激派ノ色彩を帯ブ」であったことを想起するまでもなく、日本帝国主義の歪曲の常套手段であったが、この事件も労農ロシア敵視と結びつけ糊塗した点、例外ではなかった。

在外公館を通じての諸外国への事件の説明はこの立場がつらぬかれた。ここでは、朝鮮人流言はいささかも否定されない。東京、横浜の火災は放火であり、「不逞鮮人が日本の不穏分子と共謀の所為なり」（外務大臣発、在米大使その他宛）など合理化、信憑性を強化した情報をおくめんもなく、「任地新聞に報道されたとき」はもちろん、裁量によって適宜公表せよとしたのである。こうした動きは日本帝国主義の国際的体面の問題というより、朝鮮民族解放闘争へのおそれ、事件の国際問題化への警戒が先行したものであった。

いくつかの視角

これから述べようとすることは関東大震災下の一連の虐殺事件をどうみるかという問題である。関東大震災下、朝鮮人事件、亀戸事件（一〇人の社会主義者虐殺事件）、大杉事件（三人の虐殺事件）と並列して三大テロ事件として論ずる人が多い。

また最近では、日本人誤殺事件もあった、中国人、沖縄人もまた虐殺されたことを強調し、日本民族の対外関係、またはアジア人差別など底知れぬ地理的拡大までこころみて普遍化する傾向がみられる。

著者はこうした肥大化した観点で問題をみることに反対であり、それは歴史的視野の広さや思考の柔軟性を意味するものでなく、より真実にせまる方法でもない。逆に朝鮮人事件を他の問題と並列等価にすることにより、その歴史的意義をそこね、鋭い政治性をそぎ従属化するこころみであると指摘したことがある。

なぜこうした傾向がでてくるのか。朝鮮人、社会主義者、大杉事件と並列して問題にする一種の常識がいかにまちがっているか検討してみたい。

私見によれば、常識が定着したのは従来とも、この問題の解明に接近した人が社会主義者、またはその心情的同調者が多かったことからくる身びいきと、そこからくる資料の存在形態に研究者が足をとられたのが、つまずきのはじめである。しかし、歴史の事実はそうではない。むしろ、いままでのべてきた官憲側の事件隠蔽策、合理化策と密接にからみあいながら本来異質の事件が重層化して登場しただけなのである。

まず震災後の社会主義者の行動を素描することから分析の手がかりをつかもう。

社会主義者が検挙されるのは三日深更、四日以降であることはさきにのべたが、では一日から検挙されるまで、社会主義者はなにをしていたのか。残った同志や家族の語ったかれらの行動記録を引用して再現してみよう。

平沢計七　「平沢君ハ自警団ヘモ進デ出テ居リ極メテ親切ナ要領ノ好イ人デス」

加藤高寿　「高寿ハ青年団カラノ達シニヨリ夜警ヲシテ居マシタ」

山岸実司　「九月三日……其夜亀戸ノ本部ニ赴キ夜警ヲシマシタ、亀戸自警団ニ這入ッテ居マシタ」

鈴木直一　「二日ノ夜朝鮮人ノ騒ギガ起ッタノデ皆ナ棒ヲ持ッテ出ロト云ワレテ出テ行キマシタ、間モナク帰ッテ来テ怖イコトダト鈴木サンガ言ッテ居マシタ」

川崎甚一　「二日夜ハ鮮人騒ギノタメニ徹宵警戒シテネムルコトモ出来マセンデシタ」

吉村光治　「光治ガ警察署ニ連レテ行カレタノハ三日ノ夜十一時半頃デアリマス其時ニハ光治ハ町内ノ自警団ノ人ト共ニ自警ニ勤メテ居タ」

川合義虎　「川合君ハオ母サンカラモセキタテラレテ交代組ノ先頭ニ立ッテ夜警スベク外ニ出テ行カントシタ」

其他　「夜ニナルト夜警ニ出ロト云ウノデ三人ズツ交替デ出ルコトニナリ鈴木サント加藤主計サント山岸実司サントガ前番デ出テ行キ近藤サント北島サント義虎トガ残リマシタ」

（二村一夫編『亀戸労働者刺殺事件聴取書』）

惨殺された一〇名のうち、早くから連行された佐藤欣治と証言のない中筋宇八の両名を除き全員自警団への参加を確認できよう。

また殺害は免かれたが、同じく検束をうけた社会主義者の行動をみると次のようである。

南厳　「三日からは昼は配給米の運搬の手伝い等に従事し、夜は夜警をしました。十日迄は別に変ったこともなく過ぎました」

戸沢仁三郎　「四日からとうとう自警団に狩りだされたことが奇しくも私の生命を危険から救う結果となった」

神道久三　「三日夜警に出て呉れと云って来た。仕方がない。カンテラを灯して終夜忠実な番犬となった」
木沢兼次　「五日、町内の電柱に鮮人襲来の謄写版刷が張り出された程なので沢山避難している人達の為めだと考えて夜警に出ました」
菊地藤吉　「五日、夜警の相談をうけたので早速出ました。駅前の詰所に居ました。夜九時半頃、外套の襟を立てた異様な風をした一人の男が来ましたので、それ迄の例によって其の姓名を糺しました……姓名も云わずに遁げ去ろうとするのは如何したことかと五、六人で殴りました」

（『関東大震災と朝鮮人』）

大杉栄も九月九日以降自警団に参加したことが確認されている。大杉の場合、流言が虚説であるのをみきわめたのち形式上参加したこと、また危険人物とマークされたことの防禦本能から逆に官憲肝入りの団体に疑似参加の線も考えられよう。だが全体として、社会主義者が地震直後から、自発的に参加していることは確認できよう。

一日から武装し「棍棒ヲモッテ」夜警に徘徊した人は、自警団がなにを目的につくられた団体であり、だれを警戒したかは知っていたはずである。

社会主義者の自警団参加

社会主義者が朝鮮人虐殺の直接の下手人になった証拠はない。しかし、佐藤欣治にかんする証言で佐藤が朝鮮人と誤認され逮捕連行されたとき、佐藤の同志が「夫レハ鮮人ニ非ズ」「ダカラ返シテ呉レト交渉シタ」心理や、佐藤が「色白ク丈高イ一見鮮人ト見違ワレ易キ容姿ヲ備エ」と民族的特徴を問題にした発言は、十五円五十五銭の発言を強要した一般自警団員との距離は余りない。

当時金若水は「日本に於ける協同戦線と民族」で、朝鮮人の訴えを「日本の同志は無我の同情で聴取するが如く見えることは僕には甚だ不愉快である」(「進め」大正一二年二月)と喝破したが、階級意識民族意識はまだ未分離の問題をかかえており、朝鮮人検束に疑問を感じない社会主義者もいたのである。

社会主義者の自警団参加姿勢は「終夜忠実な番犬となった」と自嘲するもの、「間モナク帰ッテ来テ怖イコトダ」と洩らしたものなどに苦悩の色をみることができる。反面「検問にかかった不審な人間に殴りかかった」ものもおり、雑多であるが、はっきりしたのは九月一日から三日にかけて、社会主義者は殺す側に、朝鮮人は殺される側に立っていたことである。また社会主義者に対する官憲の警戒弾圧と自警団員の対応はかならずしも一致していない。自警団員は社会主義者の流言が流布され、「四、五日とたつ中に今度は鮮人ばかりでは無くて社会主義者までが火つけをするなど言うようになった」(斎藤文一郎談)あとでも、過度に警戒視されることなく団員になっているのである。ここに民族問題と階級問題の鋭い相貌のちがいをみることができよう。似ても似つかぬこの両者を、相互依存のかたちで一体にみせかけたのは官憲であり、事件の彌縫策の一環そのものであったことを忘れてはならない。

また震災下の社会不安の点に限っても、朝鮮人事件は地震直後から一貫して民衆の最大の恐怖の的であったのに反し、社会主義者の問題が話題になるのは少なくとも九月三日深更の一斉検挙以後であり、それも近親、友人の間で消息が噂され、救援活動の開始に付随して輪を広げる形をとっている。かれらが帰ってこないことを知っていたのは家族や友人以外にはごく限られた人だけであった。家族たちも警察の「本庁に送った」「帰宅させた」「釈放した」などの弁明に迷わされ、殺されたとは容易に思わなかった。殺されたらしいと確信にたたものをもつのは九月一五日以後で、「なんでも社会主義者が殺されたらしい」との噂が巷にしのび歩きをしだすのはそれ以後のことである。

大杉事件にいたっては九月一六日、大杉が殺されるまでの行動は比較的あきらかで、官憲の監視の目はあったものの、おおむね自由であり、民衆が大杉を敵視したことはない。

九月九日以後は自警団にも参加し、一五日には妻の伊藤野枝とつれだって妹の家に震災見舞にでかけ、翌一六日、甥の橘宗一と三人で焼跡見物をしたが、たまたま憲兵大尉甘粕正彦の待伏せに遭遇、東京憲兵隊構内で虐殺されたのである。

大杉が帰宅しないのを不審に思った家族の調査により次第に事件の真相が判明したが、そのきっかけは、一〇日頃から大手町の憲兵隊に連行されていたプロ作家の津田光造が一六日に釈放され、逮捕連行された大杉夫妻と偶然、であいの場面がつくられたことにあった。津田の証言から弁護士山崎今朝弥の名前で警視庁へ捜索願がだされ、その始末をめぐって軍と警察の対立が生じ、九月二〇日「時事新報」の号外となって、事件の一端が国民のまえにあきらかになったのである。以上のことから、亀戸事件は九月一五日以降人びとのささやくところとなり、大杉事件は二〇日以降国民の知るところとなったことがわかるであろう。

地震、余震、火災のなかで社会不安をみなぎらせた朝鮮人流言と、地震後三週間を経て秩序を回復したときにもたらされた悲劇的ニュースとを比較して欲しい。民衆は前者にはそのまま社会不安の元凶として朝鮮人狩りを敢行して対決したのに較べ、後者は官憲への批判、犠牲者への同情の涙をもって受容しているのである。

震災下、人びとが極度の狂乱を示したのは九月一日から四、五日の間であったことは、これまで論じたことであきらかであるが、亀戸事件も、大杉事件も、この期間の社会不安にはなに一つ影響を与えていないし、官憲も三日深更までは直接的敵視の対応策をだしていなかった。民衆は社会主義者が「朝鮮人を煽動」するなど考えも及ばなかったのである。それをどうして朝鮮人流言と同一次元で考えることができよう。歴史の経過に即した事実にこれほど差のあるものを並列することはできないのである。

三つの事件、いや中国人、沖縄人を含めた五つの事件は、それだけとりあげればたしかに一つ一つ重要なものにちがいないし、関東大震災下の混乱に乗じた白色テロルによって人命が失われた点で共通である。しかし共通なのはそれだけで、関東震災の歴史的経過と事実においてはまったく別の問題なのである。

真相究明を怠る社会主義者

事件の質の相違を反映し、真相究明過程がまったく違っていることも指摘しておかねばならない。朝鮮解放前、すなわち一九四五年以前に朝鮮人事件の真相を追究することは、それがどのような形であれ死を意味するほどのものであったし、当時の日本帝国主義権力に奉仕するマスコミ体制などから考えて一分の可能性もなかった。したがって事実調査は朝鮮人有志の限りない困難をおかしたものがごくわずかあっただけで、それすらどうにも発表できずに、胸のつかえのように朝鮮人の心のうちに暗くひっそりと、しかもきわめて激しい怒りの感情として残されただけであった。日本人側にはこの調査をもとにした、いわゆる民本主義者吉野作造などのつぶやきを除けば、亀戸事件には抗議の叫びをあげた社会主義者、労働組合もなに一つ言及していない。

証拠をあげよう。

亀戸事件労働者大会宣言

我等は同志川合義虎、山岸寛司、平沢計七、北島吉蔵、近藤元蔵、鈴木直一、加藤高枝、吉村光治、佐藤欣治の九名は震災後の混乱に乗じ、警察と軍隊の協力に依って九月三日殺戮せられた。

九名は何れも人類解放の勇敢なる闘士であると共に勤勉なる労働者であって、其の多くは現に従業して居った。震災に遭うや或者は誠実に自警の役割に服し或者は老母や弟妹の保護に尽して居った。それを突如検束し拘禁する事すら既に許すべからざる不法である。況んや一回の取調べも行わず犬の如く刺殺したに至っては恐らくは人間の為し得る惨忍狂暴の限りを尽したものである。

我等は先ず当局に対し此の最悪なる犯罪行為に向って峻厳敏速なる司法権の発動を求め一般世人に対して許すべからざる人道の蹂躙が日本の官権に依って行われたる事を警告する。而して我等労働階級の大衆に向って此事件を正当に解決すべき必要なる努力を促すと共に我等の敵の残忍にして強大なるに対し今更の如き決意を要求しなければならぬ。

決　議

一、吾人は官憲当局の発表は己の非を蔽わんが為めの卑劣なる遁辞にして人道上断じて許すべからざる行為なる事を認む

一、吾人は速に司法当局が司法権を発動し以て責任者を厳罰に処せん事を要求す

右決議す

（「現代史資料月報」）

抗議文から朝鮮人虐殺事件への関心の片鱗も発見できない。歴史家が三大虐殺事件として奇妙な連帯を創作した社会主義者の仲間は朝鮮人事件を回避した。朝鮮人事件の合理化のために亀戸事件がおきたことを提起せずにどうしてまったき抗議ができよう。抗議文にみるかぎり亀戸事件労働者大会は朝鮮人事件にそっぽをむいているのである。そればかりか、かれらは権力のすさまじい迫害を目撃し、朝鮮人民との連帯、植民地解放などを口にすることは命の問題として意識するようになり、さらに一部は朝鮮民族解放闘争との敵対関係にもすすむようになる。

日本労働総同盟会長鈴木文治は、次のような書簡を朝鮮総督斎藤実に提出している。

鮮人労働者保護に関する意見書

今回帝都地方に起れる大震災は、前古未曽有の悲惨事にして吾人の痛嘆措く能わざるものなるが就中鮮人に関する不祥事件の頻発は吾人の識者と共に深く遺憾とする所なり。吾人は本問題に対する善後策が帝都復興事業に付帯して、最も重なるべきを信じて疑わざると共に、

日鮮問題の将来に多大の影響あるべきを思い、憂慮に堪えざるものあり。

思うに今回の不祥事の根源が、日鮮人相互間に於ける平素の無理解に存するは言うまでもなく、而して此の無理解の心理状態が、無稽なる流言蜚語を跋扈せしむるに至りし因由なりとす。抑々日本内地に居住せる鮮人は、大様学生と労働者の二種に分つべく、其の中労働者は、言語の不通と内地の事情に不明なると、加うるに被征服者の僻見に富むあり、これを日本人側より見るも、同様の事情あると共に、征服者としての優越感を以て彼に対す、これ従来に於ても、屢々内鮮労働者の間に衝突を醸し来れる所以なり。

斯くの如き状態にして永続し、容易にその理解を見る能わざれば、朝鮮統治の意義殆んど空しと言うも過言にあらず、吾人は種々の状況より想察して健実なる日本労働団体の力を以て、極力これに当るの頗る適当なるを思わざるを得ず。普通の救済事業を以てしては、よくその目的を達すること難しと信ず。日本労働総同盟は、早くより此の点に着眼し、総同盟本部内に鮮人部を設けて、日鮮両国労働者の理解と融和を図らんとせしが、未だ力足らず、時機熟せずして、遺憾ながら十分の効果を挙ぐる能わざりき。

然れども吾人は、今回の大震災に際して、一層切実に吾人の素志を遂行せざるべからざる責務を痛感するに至れり、若し渡日鮮人労働者の間に、何等の統一的組織なく、日鮮両国民中の大多数を占むる労働者間に、何等意志の疏通、感情の融和あることなくんば日鮮融和の事結局は空想に帰せざるを得ず。依って吾人は総同盟内部に鮮人部を設置し、鮮人労働者の保護救済、戸籍性行の調査、職業の紹介、相互理解の促進、思想の善導、感情の融和等の事業に従わんと欲す。此の機関には、予の統制の下に五名の役員を置き、内三名を内地人、二名を鮮人とせんとす。而して此の事業に要する経費に就ていえば、各役員に支払う俸給月額を約各百円とし、之れに若干の事務費、運動費、機密費を加えて、一箇年一万二千円、乃至一万五千円を計上すれば足れり。総同盟に於て、到底資力なきを以て、閣下にして若し吾人の意の存する処を諒とせらるゝならば、切に御助力を仰がんと欲するものなり。

尚出来得れば、朝鮮人労働者の問題も、会費制度を以てせんとするも、これ到底現在の朝鮮労働者に望むべからず。これ運動の形式に於ては自治的に、経済に於ては、救済的に行うの止むなき所以なり。

震災善後策の一端として、茲に愚見を披瀝し、閣下の賢察を仰がんとす。

大正十二年九月二十九日　　鈴木文治

朝鮮総督

斎藤　実　閣下

（備考）

一、最初先ず東京本部内に鮮人部を設くるものとす。次に大阪に、更に門司に支部を設け、その他必要に応じ全国各地に支部を設くるものとす。
二、事業綱目は前掲の如く。
イ、鮮人労働者の戸籍の整理、性行の調査
ロ、生活の保護、宿舎の周旋
ハ、職業の紹介
ニ、思想の善導
ホ、日鮮間の事情の疏通に関する事項
ヘ、日本語の教授
等とす。而してこれが実行に当りては、朝鮮総督府、並に同東京出張所、政府当局、各府県市町村等と十分なる連絡を取るものとす。(「現代史資料月報」)

抗議文一つださないばかりか、総督府機密費で朝鮮人を「善導」し植民地支配に一役買ってでようとの発想におどろかざるをえない。

朴春琴、李起東一派の相愛会とどれほどちがうものをつくろうとしたのか、朴一派が朝鮮人を強制労働させて一財産つくったのを真似しようとしたのではないかの疑問を禁じえない。

等しく白色テロを受けたもの同士がこのようでは真相は追及しようがないし、社会主義者、労働者がこの感覚である限り一般民衆の批判などおこりようがない。朝鮮人に対し、国家に反逆しようとした不逞の輩としての冷やかな態度は一貫しており、わずかに朝鮮人有志の手で犠牲者の調査がおこなわれただけであることはすでにのべた。

亀戸事件の場合はこれに反し、犠牲者の検束後かれらの家族や友人はじめ総同盟や造機船工労働組合なども真相究明に参加し、責任追及、真相究明の活動が行なわれた。とりわけ自由法曹団の役割は大きく、布施辰治、山崎今朝弥らは当局が犠牲者たちの運命に言葉をにごして弁解していたときでも各方面の情報を蒐集し、ほぼ虐殺の事実をつきとめ、亀戸署はもちろん警視庁や検察当局、憲兵隊にまでのりこみ、事件の公開、司法権の発動を要求したほどで、調査に従事した人は事件のアウトラインはつかんでいた。

大杉事件も警察に捜索願がだされ、憲兵がなにかやったらしいとの情報から、九月二〇日の「時事新報」の号外となったことはすでにふれたとおりである。事件は橘宗一という六歳の子どもをまきこんだことで官憲の意図とはちがった形で公開され、世論の反発と殺された三人への同情をたかめていく局面を展開していった。宗一を生かしておいては大杉殺しが発覚すると思った帝国憲兵の知能の低級さもさることながら、ここには橘宗一を殺したのは非人道的で、朝鮮人の子どもは不問という別の鋭角的問題も含まれているのである。

ともあれ、亀戸、大杉両事件の発覚、問題化はいち早く、官憲の応対も同じ日本人として尊重され、事件の解明に重大な役割を果したのである。

朝鮮人事件が在日朝鮮民族のすべてを毒牙の対象とし、殺すか捕虜にするか、まったく生殺与奪の権をもったとき、大正デモクラシーの名だたる名士たちを含め、日本の民衆のだれが救援活動を、真相追究の行動をとったであろうか。残念ながら皆無であったと断言できよう。

また新聞の記事差止解除を一つの目安と考える事件の公開も、発表の時期選定にまで意味をもたしたのである。虐殺事件を隠蔽しきれないと考えた官憲首脳は、軍部や警察の反対をおしきって、官製「真相」の公表にふみきったが、もっとも発生の遅かった大杉事件がいちばん早く一〇月八日に記事解禁となり、つぎに一〇月一〇日に亀戸事件が公表となり、旬日遅れて一〇月二〇日に朝鮮人事件の記事差止の一部を解除した。公表の順序が逆になったのは、橘宗一への同情と、甘粕大尉へ世論の非難を集中させることに、民心を管理誘導し、その間朝鮮人をあてこすった異常事件をこだしに発表して、民衆の衝撃を緩和したのである。朴烈事件などの発表、朝鮮人「不逞の強調」は、震災下の事件は「まことにやむをえなかった」との国民的納得をつくりだす小道具につかわれたのである。九月二一日の記事一部解禁のとき、各地の自警団の朝鮮人虐殺事件と、さきにのべた二三件の「朝鮮人犯罪」を同じ比重でだきあわせ、相殺作用をみるべく工作し、「発表されない恐るべき犯罪が残っている」などの思わせぶりの余韻すら残したのはその反映であろう。

また大杉事件は形式的にも事件の結末は明確になっている。すなわち、発覚後、責任者福田戒厳司令官は免官になったし、小泉憲兵司令官、小山東京憲兵隊長は停職になった。下手人甘粕正彦、鴨志田安五郎、森慶次郎は裁判の結果、懲役一〇年、三年、無罪と一応の宣告をうけている。大杉栄、伊藤野枝、橘宗一ら犠牲者の墓碑銘は明確であり、遺骨も遺族にわたされている。

亀戸事件は大杉事件にくらべ、真相も責任の追及も輪をかけたいいかげんさをみせたが、それでも、なお検挙、殺害までのいきさつは明確であり、加害者の氏名も部分的に判明している。亀戸署長古森繁高は、殺害の弁明書を公表し、本心でないとしても、真相をかくしたのは「じつに申しわけない」と謝罪している。被害者名も何々某と固有名詞で呼ばれ、遺品も返却されている。

これに反し、朝鮮人事件は最大の下手人たる官憲の処分はなかったばかりか、数ヵ月後に水野、赤池は内務大臣、警視総監に再任されている。

自警団処罰も儀式的な裁判をしたにすぎなかったことはすでにのべた。犠牲者は「鮮人」の蔑称で一般化され、どこに埋められ、どこで灰になったかもわからない。この人たちにも帰りをまちのぞむ遺家族がいたことを忘れてはならない。

また、個々の生命の尊厳に差のあるはずはないし、異をとなえるわけでもないが、家族三人の生命、一〇人の社会主義者の生命と六千人以上の生命の量の差を均等視することはできない。量の問題は質の問題であり、事件はまったく異質のものである。異質のものを無理に同質化し、並列化することは官憲の隠蔽工作に加担したと同じであるといえよう。

前二者が官憲による官憲の完全な権力犯罪であり、自民族内の階級問題であるに反し、朝鮮人事件は日本官民一体の犯罪であり、民衆が動員され直接虐殺に加担した民族的犯罪であり、国際問題である。この相違を峻別しないということはない。

しかし、日本での問題のとりあげられ方は事件後からこんにちまで、著者が強調したと逆の順で関心が強いようである。当時の三大総合雑誌「中央公論」「改造」「太陽」ほかいくつかの雑誌も大杉事件を中心にとりあげ、亀戸、朝鮮人事件へのページのさき方は順に少ない。この傾向は解放後も同じで、大杉事件、亀戸事件、朝鮮人虐殺事件の順で研究水準は低下し文献も少数化している。関心の高低の要因をどこに求むべきか、異質の事件としてのとらえ直しをまつ以外にないであろう。

おわりに

一九一九年、朝鮮人民の三・一蜂起は日本帝国主義の根底をゆさぶる大闘争に発展し、民族解放闘争はあたらしい展望をきり開こうとしていた。朝鮮人民の生存権を必死に弾圧する日本帝国主義との熾烈な闘争は戦線を中国東北部(旧満州)からシベリヤにまで拡大し、一九二〇年の「間島事件」、日本のシベリヤ出兵軍を迎え撃つ朝鮮人ゲリラ部隊の果敢な闘争をうみ、凄惨なシーンを歴史の銅版に刻みつけた。間島での日本軍の敗北やシベリヤでの敗退が続発した。

こころみに当時の新聞を開いてみよう。「満州」、シベリヤで、朝鮮国内で民族解放闘争は燎原の火のように燃え広がっている。「不逞鮮人が爆弾を投ず」「不逞鮮人不穏策動」「不逞鮮人拳銃を発射す」など「不逞」「不穏」「過激派」のどぎつい記事がはんらんしているのを見るだろう。この「不穏宣伝」が深層心理となって流言を容易に信ずる民衆をかたちづくったことはすでに指摘しておいたが、事件の発端、経過、隠蔽工作など官憲側の異常な敵視政策も、また朝鮮民族解放闘争との熾烈な闘いとの関連なしには理解できない。

朝鮮人が民族独立のために闘っており、その闘争が帝国主義者の心胆を寒からしめていたことを欠落しては、この事件は日本史上の単なる一惨酷物語、あわれむべき朝鮮人の悲劇として、せいぜい同情の涙をしぼる物語になってしまうであろう。

事件は日本帝国主義の植民地支配の問題を絶対避けて通れないと同時に朝鮮人民の解放闘争との関連なしには正しい歴史的位置づけはできない。虐殺と植民地支配、解放闘争の昂揚は明確な因果関係で結合している。一九一〇年以来の植民地支配とそれを補完した民衆が、したたかな敵、朝鮮人民に対し恐怖したことからうみだされた集団殺人であり、民族犯罪であり、不幸な朝・日関係の延長線にでてくる必然であった。さらに若干の具体的補足をしておこう。

官憲側の演出者、内相水野錬太郎、警視総監赤池濃は朝鮮民族との闘いのさなかにいあわせた日本帝国主義の指揮官であった。赤池は三・一人民蜂起の弾圧抗争の渦中を経験した総督府警務局長であり、終始かれの上司として行動を共にした水野は時の政務総監であった。かれらが震災時に示した敵視観はもとより帝国主義者一般の心性であるが、それを対決の臨場できたえ直したものであった。いわば筋金入りであった。

一方、かれらが帰国して警視総監、内相になったとき、日本国内情勢はどうか。

三府一道三五県の日本人民をまきこんだ米騒動後の大衆運動はいちじるしいもりあがりをみせ、一九二二年七月、日本共産党が成立し、共産党は対露干渉反対の大衆運動を組織し、三大悪法反対の階級闘争に火をつけ、植民地人民との連帯と解放を旗印にかかげる、あらたな局面を現出していた。

当時の「赤旗」「前衛」などを参照していただきたい。「無産階級から見た朝鮮解放問題」などの特集がくまれ、山川均、野坂鉄（参三）、荒畑寒村、国領伍一郎、川合義虎などの活発な発言をみるだろう。かれらの発言は朝鮮人民の共感のもとに、まだ不十分ながら朝・日両民族の連帯した闘争はその緒につこうとしていた。一九二二年末に東京、大阪にそれぞれ朝鮮労働同盟会が結成され、全国的組織にすすもうとしていたのは、その機運の一端であった。おりから中国東北部、シベリヤでの解放運動は武力闘争への局面を昂揚させ、日本のシベリヤ干渉軍がみじめな敗北をうけて沿海州から撤退したのも一九二二年一〇月であった。

官憲の神経は内外の動きの急速な発展にとぎすまされ、絶えず牙をむいておそいかかった。二三年三月の朝鮮義烈団への大弾圧、同年五月、メーデーでの「朝鮮人掛り」「主義者掛り」による弾圧、同年六月の第一回共産党員検挙などが続発した。九月一日の事件はこうした弾圧抗争の頂点を意味するものであった。

「いかにして朝鮮人を憎む声が速にひろがったか、今でも世間で不思議がり原因が明かになっておらぬ……震災と共に何んでも鮮人に帰し主義者これに付随するようになったのは何所で鮮人に目星を付けたによるではないか、あるいは予て前内相水野氏、前警視総監赤池氏が朝鮮に在任して去った結果此辺に注意し警戒怠らなかったためと云うが、これらの事実は如何に明白にせられるであろうか」（三宅雪嶺）

水野、赤池を日本帝国主義におきかえたとき、この疑問はおおむね事実である。事件は植民地制度の矛盾の爆発であったのである。また植民地があるかぎり再発するものであったことを忘れてはならない。北海道での事件はすでに紹介されているので別の事実をあげておこう。

「震災に際し鮮人に関する流言蜚語盛んに行われ人心著しく動揺し動もすれば鮮人に対し迫害暴行を加えんとする処あり、治安維持及日鮮融和の点より見るも此際鮮人の濫りに徘徊するは策の得たるものに非ず」(静岡県警察部『駿豆震災誌』)

引用は関東震災下の官憲の指示通達ではない。一九三〇年一一月駿豆地方地震の際の官憲の記録である。いちいち例はあげないが、なにかあれば社会不安の元凶にされたことはその後も頻発している。植民地制度が続くかぎり、跪いて生きるより立って死ぬことを望む朝鮮人民がいるかぎり、迫害事件はつねに起る可能性があったのである。

さて、最後にこの稿をおえるにあたって若干の感想がある。まず読者がこの書を被害者の立場で誇大に告発したものと受けとりはしないかの恐れがある。とくに若い世代の人はそんな馬鹿なことがあるかという人もいるかも知れない。著者も常識としてはその方を支持する。国際社会ではたった一人の外国人への傷害事件も大問題となることはまれではないし、戦争の口実となったためしもある。しかし、われわれの父母は半世紀前に真実この不条理を体験したのであり、決してうその話でないことを強調しておきたい。また他人が打擲を受けたり、生命を奪われる苦労、屈辱を理解する最上の方法は自分がその立場に身をおいてみることだといわれるが、それができないまでもせめて自分の問題であることに気づいてもらいたい。

日本の支配者によって計画され、組織された流言により何千という朝鮮人、社会主義者、大杉一家の生命が奪われた。しかし、大杉殺害犯が形式的にも責任を明確にしたのに反し、朝鮮人殺戮者はなんの責任も問われなかった。犠牲者、遺家族への哀悼の辞は一つも聞かない。あったとしても所詮声なき声に終っている。これはそのまま当時の日本社会の雰囲気であった。権力の放ったデマゴギーに迷わされ、面をあげてみることもせずに殺戮に加担し、それが朝鮮人であるかぎり殺人犯も許容された日本社会の構造は、歴史の法廷で裁かれねばならない。朝鮮人との接点になった大正デモクラシーの評価も大きな課題であろう。「他民族を圧迫する民族に自民族の自由はない」とは有名な言葉であるが、こうしたことを許した日本国民にはそのまま昭和の暗い世代がしのびよっていたのである。

自警団が少しでも多く官憲の放った流言を吹聴し、一人でも多くの朝鮮人を殺せば、それはそのまま勅令四〇三号、流言蜚語取締令となった。勅令の条文を検討すれば一目了解することであるが、これこそ日本政府が長年立法化を望んでいた「過激社会運動防止法案」の変型であり、思想言論の自由の重大な脅威となった治安維持法の前身であった。朝鮮人への迫害と引きかえにこの法案が成立し、いわゆる大正デモクラシー圧殺の一因となったことは忘れてはならない。

また震災当時の軍部の活動を信頼と感謝をもってとらえるキャンペーンをした一部国民が軍隊の平戦両時存立の意義を強調し、それまでの華やかなりし軍縮論に冷水をあびせたことである。「有難い兵隊さまだ、血走る若い者の訓練の出来ぬうちは兵隊にかぎる、軍縮反対だ」といった風潮が軍部抬頭の暗黙の了解であり、「満州」侵略、中日戦への暗い忌わしい序曲となったのである。さらにあれほど民衆を刺激した流言が一時的であることのためにそのまま消滅してしまうものではない。いまだに日本社会に残るいわれなき朝鮮民族への差別と偏見のあとづけにこの事件がどれだけ大きな役割を果しているのかは、当時の小学校児童の「鮮人ゴッコ」や震災作文、子供が泣くと「朝鮮人がくる」とあやした母親たちをみるだけで疑うべき必要もない。他民族蔑視の思想がすぐる侵略戦争で天皇のため一銭五厘の生命の軽さに気づかずに死んでいった何百万の日本兵の心の糧とされたことは忘れてはならない。

またわれわれの立場からいえば、他民族にいわれなき暴虐をうけたのは当時の朝鮮人に人権がなく、国に独立がない亡国の民だからこそうけねばならぬ苦しみ、悲しみであったことである。

著者の父姜永元は、思えばなんと暗い星のみえない谷間の世代であったことか、ものをいわんとして悲しみと怒りで言葉にならない、ただ涙だけが最大の表現能力を発揮したとよく語ってくれたが、無慮六千余名の生命をむだにしないためにも、民族の独立がいかに重大なものであるかをかみしめたいものである。

朝鮮人殺害場所および人員

表① 金承学調査

東京府	人員	備考
月島	11	
亀戸署演武場	36	
小松区内	27	
寺島請地	14	
寺島署内	14	
三戸地(ママ)	27	
清水飛行場郊	27	
荒川	17	
三戸地付近(ママ)	32	
平川	7	
白島(ママ)	47	
深川	4	
大島7丁目	6	
〃 6丁目	26	
〃 8丁目	105	
浅草	80	
亀戸	100	
府中	2	
世田ヶ谷	3	
品川駅	2	
小松川付近	2	
波川(ママ)	2	
千住	1	
八千代町	3	
東京府下	752	以下の数字は調査終了の11月25日に各府県より再寄来したもの
計	1347	

神奈川県	人員	備考
神奈川浅野造船所	48	調査者によって死体発見同胞1500のうち実地に確認したもの1219残り300は調査中とある
神奈川警察署	3	
保土ヶ谷町	31	
井戸ヶ谷町	30	
根岸町	35	
土方橋ヨリ八幡橋	103	
本牧町	32	
山手町埋地	1	
御殿町付近	40	
山手町立野派出町	2	
若尾別荘	10	
新子安神奈川駅	150	
神奈川鉄橋	500	
東海道茅ヶ崎駅前	30	
久良岐郡金沢村	123	
鶴見町	7	
川崎町	4	
久保町	40	
浅間町	40	
水戸山鴨山	30	
神奈川県全域	1795	1795名は死体未確認に属するもの
神奈川県下	1052	調査終了の11月25日以降寄せられたもの
計	4106	

埼玉県	人員	備考
埼玉県芝公園(ママ)	2	
荒川付近	100	
大宮	1	
熊谷	60	
本庄	63	
北葛町 (ママ)	17	
神保原村	25	
寄居	13	
妻沼	14	
埼玉県下	293	調査終了の11月25日以降寄せられたもの
計	588	

表② 吉野作造調査

東京府	人員	備考
月島	33	
亀戸署内	87	
小松町	46	
寺島請地	22	
寺島警察署内	13	
寺島手井駅	7	
洲崎飛行場付近	26	
四木橋	5	
向島	35	
深川西町	11	
押上	50	
本所区一丁目	4	
大島7丁目	4	
〃 3丁目	26	
大島8丁目	150	
小松川新町	7	
浅草公園内	3	
亀戸駅前	2	
府中	3	
三軒茶屋	2	
新宿駅	2	
四谷見付	2	
吾妻橋	80	
上野公園内	12	
千住	11	
王子	81	
計	724	

千葉県	人員	備考
習志野厰	13	
船橋	37	
法典塚田村	60	
千葉市	37	
流山	1	
南行徳	3	
馬橋	3	
佐原	7	
成田	27	
我孫子	3	
千葉県下	133	調査終了の11月25日以降に寄せられたもの
計	324	
栃木県		
宇都宮	3	
東那須野	1	
栃木県下	4	調査終了の11月25日以降に寄せられたもの
計	8	
茨城県		
茨城県下	5	調査終了の11月25日以降に寄せられたもの
計	5	
群馬県		
藤岡	18	
群馬県下	19	調査終了の11月25日以降に寄せられたもの
計	37	
累計	6,415	

千　葉　県	人員	備　考
習志野軍営寮内	12	
船橋	38	
法典村	64	
千葉市	2	
流山	1	
南行徳	2	
馬橋	7	
田中村	1	
佐原	7	
滑川	2	
成田	2	
我孫子	3	
計	141	
栃　木　県		
宇都宮	3	
東那須郡	1	
計	4	
茨　城　県		
筑波本町	43	
土浦	1	
計	44	
群　馬　県		
藤岡	18	
計	18	
長　野　県		
軽井沢付近	2	
計	2	
累　　計	2711	

神奈川県	人員	備　考
神奈川県橋本町浅野造船所前広場	48	現金500円
神奈川警察署内	101	強奪巡査
保土ヶ谷町	31	刺殺3
井戸ヶ谷町	30余	現金200余
根岸町	35	円強奪
土方橋ヨリ八幡橋ニ至ル	103	
中村橋	2	
山手町埋地	1	
御殿町付近	40余	
山手本町警察署立野交番前	2	
若尾別荘付近	10余	
新子安町	10	
子安町ヨリ神奈川駅ニ至ル	159	
神奈川鉄橋	500余	
茅ヶ崎町	2	
久良岐郡金沢村	12	
鶴見町	7	
川崎町	4	
久保町	30	
戸部	30	
浅間町及浅間山	40	
戸山鴨山	30	以上死体埋葬地及数
計	1227	
埼　玉　県		
川口	33	
赤羽荒川	300	
大宮	2	
熊谷	61	
本庄	86	
早稲田村	17	
神保原村	24	
寄居	14	
妻沼	14	
計	551	

表③ 黒竜会調査

東京府	人員	備考
請地	2	
四木橋	18	
五百羅漢	8	
押上	1	緑町国技館等ヲ含ム
本所	4	
深川方面	16	永代橋，門前町ヲ含ム
大島町	450	
小名木川	6	
浅草付近	9	この他公園内にて多数殺害さる
亀戸公園	2	
世田ヶ谷	2	
上野付近	11	上野駅松坂屋上野公園等ヲ含ム
碑衾村	10	
六郷村	10数名	
日暮里	3	火刑による
神田	2	
麹町	4	
駒込	2	
池袋駅前	1	
代々木富ヶ谷	4	
鈴ヶ森	数名	ノコギリビキによる
平塚村	50人以上	
大崎町	40~50以上	
森ヶ崎	6~7	
大森	10余	
大井	20余	
蒲田村	20余	
計	722	

表④ 司法省調査

東京府	人員	備考
吾嬬町	4	
請地	3	
寺島	8	
玉ノ井	6	
四木橋	2	
隅田町	1	
亀戸	3	
太子堂町	1	
千住	2	
花畑村	5	
巣鴨	1	
南綾瀬村	8	
平塚村	3	
大崎町	5	
千歳村	16	
尾久	1	
三島町	1	
計	70	
神奈川県		
橘樹郡田島町	1	
鶴見町	1	
計	2	

表⑤ 諸新聞報道

東京府	人員	備考
月島	27	河北
玉ノ井	2	時事 10.22
七軒町	2	河北 9.5
万世橋	7	河北 9.5
小石川	20	河北
上野下谷	6～30	河北
南千住	2	時事 10.22
王子附近	20	河北 9.4
日暮里	300	河北 9.4
亀有駅	7	河北 9.4
神田	7	河北
綾瀬村	7	時事 10.22
花畑村	5	〃
平塚村	2	時事 10.22
大崎町	5	時事 10.22
計	443	

埼玉県	人員	備考
本庄警察内	38	
熊谷	約15	
神保原	約11	
寄居警察内	1	
片柳村	1	
計	66	
千葉県		
香取郡滑川町	2	
東葛飾郡中山村	13	
〃	3	
我孫子町	3	
浦安町	2	
馬橋村	6	
船橋警察附近	10数名	
船橋町九日市	41	
馬橋村新作地	1	
流山町	1	
千葉市	2	
計	84	
栃木県		
石橋駅内	2	
間々田駅内	4	
小金井駅	2	
那須野村	2	
計	10	
累計	232	

千葉県	人員	備考
検見川	3	東日 10.21
船橋	45	〃
法典村	16	〃
千葉市	2	〃
福田村	9	〃
南行徳	3	〃
馬橋村	人員不明	〃
田中村	〃	〃
佐原	1	〃
浦安	7	〃
銚子	1	〃
我孫子	人員不明	〃
松戸	数名	〃
鎌ヶ谷村	人員不明	〃
木更津	〃	〃
野田	〃	〃
計	87	
栃木県		
宇都宮	3	福民 9. 3
東那須野駅	2	読売 10.24
間々田駅	2	〃
小金井駅	2	〃
石橋駅	2	〃
小山駅	3	〃
家中村	1	〃
小野寺村	1	〃
足利駅	1	〃
西大芦村	1	〃
富田駅	1	〃
田沼町	3	〃
計	22	
茨城県		
土浦市内	151	河北 9.4 9.5
石岡駅	1	河北 9.4
水戸	2	〃
計	154	
群馬県		
藤岡	17	東日 10.21
計	17	
長野県		
北安曇郡小谷村	3	東日
計	3	
累計	1464	

神奈川県	人員	備考
浅野埋立地	50余	福日 10.22
某会社0000	80余	読売 10.21
根岸町	3	福日 10.21
中村町派出所前	10余	河北 10.18
桜木町付近	人員不明	
鶴見鉄道付近	50余	読売 10.21
鶴見警察	33	読売 10.21
鶴見総持寺	7	時事 10.22
川崎町	2	読売 10.21
久保町	人員不明	
横浜倉庫付近	50余	上毛
川崎田島町駅前	各1	時事 10.22
計	286	
埼玉県		
川口	30～70	福民 9. 5
荒川堤防	200	北タイ 9. 7
大宮機関車庫	1	河北 9. 5
熊谷	43	東日 10.21
本庄	86	〃
柳瀬村	14	福日 10.16
神保原	35	東日 10.21
寄居町	1	〃
妻沼	1	〃
片柳村	1	東日 10.31
計	452	

参考文献

臨時震災救護事務局『震災被害状況竝救護施設概要』同局発行　一九二三年
旧四七臨時議会『本会議議事録』大蔵省印刷局発行　一九二三年
旧四七臨時議会『予算委員会議事録』大蔵省印刷局発行　一九二三年
文部省『震災に関する教育資料』(一～三)一九二三年
会田有仲『東京大地震日記』本人発行　一九二三年
田淵　巌『大地は壊れたり』神戸新聞社　一九二三年
警視庁消防部『帝都大正震火災記録』同部発行　一九二四年
高橋栄吉『震災記録』大磯警察署発行　一九二四年
静岡県『静岡県大正震災誌』同県発行　一九二四年
臨時震災救護事務局『震災被害並救護施設の概況』同局発行　一九二四年
専修大学学生会『震災記念号』同会発行　一九二四年
北足立郡役所『北足立郡震災誌』同所発行　一九二四年
東京府『大正震災美績』同府発行　一九二四年
神田区役所『神田の震災と復興』同所発行　一九二四年
内務省社会局『震災調査報告』同局発行　一九二四年

山崎今朝弥『地震憲兵火事巡査』解放社　一九二四年
第一高等学校国語・漢文科編『大震の日』六合館　一九二四年
東京市学務課「東京市立小学校児童・震災記念文集　尋一～尋六」培風館　一九二四年
警視庁『大正大震火災誌』同庁発行　一九二五年
東京市役所『東京大正震災誌』同所発行　一九二五年
東京市衛生課『東京市震災衛生救療誌』同課発行　一九二五年
赤坂区役所『赤坂区震災誌』同所発行　一九二五年
横浜復興録編纂所『横浜復興録』同所発行　一九二五年
朝鮮総督府『内鮮問題に対する朝鮮人の声』同府発行　一九二五年
横浜市役所『横浜市震災誌』(未定稿)（一～五）同所発行　一九二六～七年
西坂勝人『神奈川県下の大震火災と警察』大震火災と警察刊行所発行　一九二六年
神奈川県警察部『大正大震火災誌』同部発行　一九二六年
内務省社会局『大正震災誌』（上・下）同局発行　一九二六年
桑島弥太郎『神奈川県震災衛生誌』神奈川県発行　一九二六年
千葉県安房郡役所『安房震災誌』同所発行　一九二六年
静岡県駿東郡北郷村役場『大正震災誌』同役場発行　一九二六年
東京市『東京震災録』（一～五）同市発行　一九二六～七年
東京府『東京震災誌』同府発行　一九二七年

参考文献

神奈川県足柄上郡川村役場『神奈川県足柄上郡川村震災記念誌』同役場発行　一九二七年
東京市役所『罹災要救護収容所概要』同所発行　一九二七年
神奈川県『神奈川県震災誌』同県発行　一九二七年
長野県『長野県震災誌―関東震災と長野県』同県発行　一九二九年
水野錬太郎『我観談屑』万里閣書房　一九三〇年
鎌倉震災誌編纂委員会『鎌倉震災誌』同会発行　一九三〇年
東京市政調査会『帝都復興秘録』同会発行　一九三〇年
東京震災記念事業協会『被服廠跡』同会発行　一九三二年
横浜市役所『横浜復興誌』(一〜四) 同所発行　一九三二年
横須賀市震災誌刊行会『横須賀市震災誌付復興誌』同会発行　一九三二年
千葉県罹災救護会『大正大震災の回顧と其の復興』(上・下) 同会発行　一九三三年
川村貞四郎『官界表裏』本人発行　一九三三年
金　秉稷『関東震災白色テロルの真相』朝鮮民主文化団体総連盟発行　一九四七年
鶴見祐輔『後藤新平伝』太平洋出版　一九四七年
江馬　修『血の九月』在日朝鮮民主青年同盟岐阜県飛驒支部発行　一九四七年
金　紅　園『朝鮮人狩り』社会書房　一九四八年
志賀義雄『日本革命運動の人々』暁明社　一九四八年
吉河光貞『関東大震災の治安回顧』法務府特別審査局発行　一九四九年

正力松太郎『悪戦苦闘』早川書房　一九五二年
木下宗一『号外近代史』（二巻）同光社　一九五四年
金　素　雲『恩讐三十年』講談社　一九五四年
石田文四郎『新聞記録集成大正大事件史』錦正社　一九五五年
御手洗辰雄『伝記正力松太郎』講談社　一九五五年
江口　渙『奇怪な七つの物語』三一書房　一九五六年
武藤富男『満州国の断面―甘粕正彦の生涯』近代社　一九五六年
金　素　雲『アジアの四等船室』講談社　一九五六年
藤岡町史編集会『藤岡町史』同会発行　一九五七年
中島健蔵『昭和時代』岩波書店　一九五七年
鈴木茂三郎『ある社会主義者の半生』文芸春秋新社　一九五八年
田中惣五郎『吉野作造』未来社　一九五八年
戸川幸夫『暗殺者―近代日本暗殺史』六興出版部　一九五八年
岡義武・林茂校訂『大正デモクラシー期の政治―松本剛吉政治日誌』岩波書店　一九五九年
松下芳男『陸海軍騒動史』くろしお出版社　一九五九年
片山　潜「日本に於ける朝鮮人労働者」『片山潜著作集』（三巻）河出書房新社　一九六〇年
今村　均「皇族と下士官」『今村大将回顧録』（第二巻）自由アジア社　一九六〇年
逓信外史刊行会『逓信史話』（上）同会発行　一九六一年

日朝協会群馬県連合会『悲しみと怒りと悔みを明日のために』同会発行　一九六一年
田辺貞之助『女木川界隈』実業之日本社　一九六二年
室伏哲郎『日本のテロリスト』弘文堂　一九六二年
今井清一「震災にゆらぐ」『日本の百年』（第五巻）筑摩書房　一九六二年
関東大震災・亀戸事件四十周年犠牲者追悼実行委員会『関東大震災と亀戸事件』刀江書院　一九六三年
小林　勇『惜櫟荘主人―一つの岩波茂雄伝』岩波書店　一九六三年
布施柑治『ある弁護士の生涯―布施辰治』岩波書店　一九六三年
岩崎呉夫『炎の女―伊藤野枝伝』七曜社　一九六三年
姜徳相・琴秉洞編「関東大震災と朝鮮人」『現代史資料』（6）みすず書房　一九六三年
朝鮮大学校「関東大震災における朝鮮人虐殺の真相と実態」『朝鮮にかんする研究資料』（9）一九六三年
特集「日本人の朝鮮人に対する虐待と差別」『潮』一九七一年九月号
日朝協会豊島支部『民族の棘』同会発行　一九七三年
関東大震災五十周年朝鮮人犠牲者調査追悼事業実行委員会『かくされていた歴史―関東大震災と埼玉の朝鮮人虐殺事件』同会発行　一九七四年
吉村　昭『関東大震災』文芸春秋　一九七四年
清水幾太郎編『手記関東大震災』新評論社　一九七五年
今井清一他『関東大震災と朝鮮人虐殺』現代史出版会　一九七五年

姜 徳 相（カン・ドクサン）
1932年、韓国慶尚南道生まれ。
早稲田大学文学部史学科卒業、明治大学大学院文学研究科史学専攻東洋史専修博士課程修了。
一橋大学教授、滋賀県立大学を経て、滋賀県立大学名誉教授。
〈主な著書〉
『朝鮮独立運動の群像』（青木書店)、『朝鮮人学徒出陣』（岩波書店)、『呂運亨評伝①朝鮮三・一独立運動』（新幹社)、『呂運亨評伝②上海臨時政府』（新幹社)、『呂運亨評伝③中国国民革命の友として』（新幹社)、『関東大震災・虐殺の記憶』（青丘文化社)、『錦絵の中の朝鮮と中国』（岩波書店)、『呂運亨評伝④日帝末期 暗黒時代の灯として』（新幹社）
『現代史資料』朝鮮1～6（編、みすず書房)、『朝鮮独立運動の血史』（訳、平凡社東洋文庫）のほか、論文多数。

新装版
関東大震災　**定価：本体価格 1,500円＋税**

2020年9月1日　第1刷発行
2023年10月20日　第2刷発行

著　者　©姜　徳　相
発行者　高　二　三
発行所　有限会社 新　幹　社
〒101-0061 東京都千代田区神田三崎町 3-3-3 太陽ビル 301
電話：03(6256)9255　FAX：03(6256)9256
mail：info@shinkansha.com

装幀・白川公康
本文制作・閏月社／印刷・製本（株）ミツワ印刷

落丁本・乱丁本はお取り替えいたします。　printed in Japan